LA THÉOGONIE, LES TRAVAUX ET LES JOURS, LE BOUCLIER D'HERCULE

HÉSIODE

Traduction par
ANNE BIGNAN

TABLE DES MATIÈRES

    Essai sur Hésiode.   1
1. La Théogonie   45
2. Les travaux et les jours   81
3. Le bouclier d'Hercule   112
4. Fragments   130

ESSAI SUR HÉSIODE.

Il y a des noms qui ont passé à la postérité avec les impérissables et gigantesques monuments des anciens âges, dont ils offrent le résumé vivant ; c'est en eux seuls que tous les autres se sont absorbés et comme perdus : semblables aux débris du monde antédiluvien, ils ont survécu à tous les cataclysmes sociaux et politiques pour servir de jalons destinés à marquer les pas de l'humanité dans les voies successives de la civilisation. Tels sont les trois grands noms d'Orphée, d'Homère, d'Hésiode, trinité symbolique des trois phases que dans l'origine l'esprit grec a parcourues. Orphée, Homère, Hésiode ont été les premiers initiateurs de la Grèce dans le culte, dans l'histoire, dans la morale. Leur poésie, chargée d'une sorte de sacerdoce, a chanté les dieux, célébré les héros et gravé les préceptes de la justice et de la sagesse dans l'âme des peuples. Le scepticisme moderne a contesté ou nié leur existence. Sans doute les hymnes revêtus du nom d'Orphée portent une date postérieure au siècle de cet ancien chantre, puisque ce fut Onomacrite qui, sous les Pisistratides, les composa ou du moins rajeunit entièrement leur forme. Le nombre immense des ouvrages attribués à Homère et à Hésiode est un motif de croire que ces deux grands hommes n'ont pu en être les seuls auteurs ; mais si leurs contemporains et la postérité ont mis sur leur compte des travaux étrangers, est-ce là une raison suffisante pour ne voir en eux que des êtres imaginaires et abstraits ? Comment supposer que toute l'antiquité grecque et latine soit tombée dans l'erreur sur la réalité de faits dont l'époque n'était pas encore très-éloignée et sur lesquels on n'avait aucun intérêt à la tromper ? D'où serait provenue l'idée d'un Orphée, d'un Homère, d'un Hésiode, si trois poètes de ce nom n'avaient point existé ? Cette existence ne semble-t-elle pas plutôt confirmée par la variété même des récits auxquels leur vie a servi de texte, par l'empressement des peuples à se disputer le privilège de leur berceau et de leur tombe, et surtout par le choix que l'opinion commune a fait de leur personne pour leur attribuer tant d'ouvrages ? Après tout, la question relative à la personnalité réelle ou supposée de ces anciens poètes ne doit pas nous occuper longtemps. Qu'importent des noms ? Leurs œuvres nous restent ; c'est là qu'il faut étudier les secrets de leur génie. Avant d'examiner les ouvrages d'Hésiode, reportons nos regards sur les époques antérieures, parce qu'ils nous offrent un frappant synchronisme des antiques croyances déjà déchues et des croyances nouvelles prêtes à s'élever.

Le fleuve de la religion et de la poésie grecques se forma des nombreuses sources qui, des hauteurs de l'Himalaya, des vallées du Nil, des rives de l'Euphrate et du Tanaïs, se dirigèrent vers la même contrée. Mais leurs flots, ballottés les uns contre les autres, luttèrent longtemps avant de suivre un même cours. Les deux races japhétique et sémitique, se trouvant face à face dans la Grèce, reprirent leurs haines, recommencèrent leurs combats ; les sacerdoces rivaux de l'Asie et de l'Europe se persécutèrent tour à tour, jusqu'à ce que la théologie orphique rassemblât les éléments de ces cultes divers et les concentrât dans une seule doctrine. Alors la théocratie, qui s'établit au berceau de tous les peuples, essaya de prendre possession du sol de la Grèce. Quoiqu'elle n'y ait jamais régné aussi impérieusement que dans l'Inde, dans la Perse, dans l'Égypte, chez les Hébreux ou chez les Étrusques, cependant, à travers les épais nuages dont est chargé le ciel mythologique de l'ancienne patrie de Linus et d'Orphée, on voit percer quelques rayons qui laissent découvrir son vague et mystérieux fantôme. La religion primitive des Grecs avait personnifié les astres, les vents, les métaux, les révolutions physiques du globe, les travaux de l'agriculture, les inventions des arts ; non contente de diviniser toutes les puissances cosmiques, surnaturelles et intelligentes, elle avait emprunté à l'Orient l'usage d'envelopper sa doctrine de formes énigmatiques ; ses sentences étaient brèves, synthétiques, profondes ; pour en traduire le texte, elle les métamorphosait en figures destinées à pénétrer dans l'esprit par l'organe de la vue ; elle revêtait ses idées d'un corps ; elle matérialisait sa pensée ; en un mot, elle parlait la langue du symbole. Le symbole domina jusqu'à la naissance du mythe, qui en est le développement naturel, et de l'histoire, qui a pour interprète le récit épique. Avant Homère, il n'y avait donc que des chantres sacerdotaux. Linus, Olen, Orphée, Musée, Eumolpe, Thamyris, Mélampe, Abaris, Olympus, Hyagnis, Philammon, Pamphus, ne composèrent en général que des théogonies. Ce fut dans la Piérie, dans la Thrace et dans les contrées du nord soumises à des castes sacerdotales que les Muses virent fleurir leur premier culte ; elles tâchèrent d'apprivoiser les mœurs encore grossières d'une population barbare. Ces Dactyles Idéens, ces Telchines, ces Curètes, ces Corybantes, ces Cabires de Samothrace, ces prêtres d'Argos et de Sicyone cherchaient à introduire des rites moins austères, moins sanglants, à importer des arts utiles, à faire éclore les germes de la civilisation. Ce n'étaient pas la guerre et la conquête qui amenaient dans la Grèce leurs cultes nomades ; ils y venaient à la suite de ces nombreuses colonies qui, chassées de leurs métropoles, voulaient établir avec un pays voisin des liaisons d'amitié, de commerce et d'industrie. La Grèce, devenue le rendez-vous des croyances les plus opposées, toucha à la Phénicie par Cadmus, à l'Égypte par Inachus, Cécrops et Danaüs, à la Phrygie par Pélops ; mais, au milieu de tant de points de contact, elle conserva l'empreinte des idées théologiques et cosmogoniques qui constituèrent la base de son culte primitif.

Le polythéisme grec trouva d'une part, chez les Pélasges, de l'autre, chez les Phéniciens, ses deux sources les plus antiques et les plus fécondes. Les arts se développèrent avec rapidité, comme l'attestent les traditions sur le génie de Dédale, les constructions cyclopéennes de Mycènes, de Nauplie et de Tyrinthe, le trésor de Minyas à Orchomène et les richesses consacrées à Apollon dans Pytho, la fonte et la ciselure des métaux, l'usage de tisser la toile et la pourpre, la fabrication des navires nécessaires à l'expédition des Argonautes, les premiers essais de la sculpture polychrome et polylithe, de la médecine, de l'agriculture, de l'astronomie. La barbarie, comme personnifiée dans Procruste, dans Augias, est combattue par Thésée et par Hercule ; le droit de la force commence à se retirer devant les principes d'ordre et de sagesse. Le génie des lois inspire Rhadamanthe et Minos. Partout l'esprit humain s'éveille, et s'il produit déjà d'utiles et de grandes choses, c'est qu'il marche appuyé sur la main puissante de la religion. Les corporations sacerdotales de Sicyone et d'Argos, les oracles de Dodone et de Pytho, la tendance symbolique de la poésie, tout semble prouver que les prêtres alors partageaient avec les rois la suprême autorité. Ainsi la théocratie grecque dut exercer d'abord de l'ascendant sur de jeunes et ardentes imaginations. A la tête des poètes se présente Orphée, chantre inspiré des mystères et des symboles, Orphée, personnification vivante de l'époque sacerdotale de l'antique Grèce, comme Homère est l'expression individualisée de son âge héroïque.

Le siècle de la guerre de Troie, qui doit être pour nous identique à celui d'Homère, nous montre le triomphe de l'élément hellénique sur le principe pélasgique. Le frottement de l'esprit grec contre celui des pays voisins et surtout de l'Asie Mineure a rendu les mœurs moins farouches, les usages moins barbares. La religion, que la théocratie avait tenté de retenir dans ses pesantes chaînes, s'en affranchit pour multiplier ses croyances, qui deviennent, non plus le privilège exclusif de certaines castes, mais le domaine public de la nation ; l'anthropomorphisme place les dieux au niveau de toutes les intelligences ; aux chantres sacrés succèdent les poètes épiques, qui célèbrent les héros plutôt que les dieux. Plus de mystères, plus de prêtres, plus de sacrifices de victimes humaines. Les seuls pontifes, ce sont les chefs d'armée, les princes, les rois, qui exercent en même temps les fonctions de juges, mais dont l'autorité est limitée par le concours des grands et du peuple. On voit combien l'élément populaire s'est accru et combien cet accroissement est favorable à la propagation des idées, que l'expédition de Troie sert encore à augmenter par le mélange de tant de peuplades mises en contact les unes avec les autres. Le temple cède la place au camp, à la cité. C'est alors que règne complètement le génie hellénique, dont Homère est le chantre et l'*Iliade* le trophée.

La guerre de Troie avait créé un commencement d'esprit d'association qui ne tarda point à s'affaiblir. La plupart des rois trouvèrent à leur retour leurs trônes envahis par l'usurpation ou leurs lits souillés par l'adultère. De là une longue série de crimes et de vengeances ; de là des querelles d'homme à homme, de famille à famille, de nation à nation. Quand la Grèce, qui avait triomphé au dehors, se replie sur elle-même, ce sont les guerres intestines qui servent d'aliment à son activité. Les peuples s'attaquent, s'exilent, s'exterminent mutuellement, et ces révolutions enfantent des rivalités héréditaires, de vives et profondes haines. Au milieu de cet ébranlement général, la royauté et la religion éprouvent un contre-coup violent. L'insubordination des peuples explique les tentatives des chefs pour les ramener au devoir. Alors les rois sont bien plus oppresseurs et les juges bien plus iniques que du temps d'Homère. Les croyances religieuses n'ont plus la même naïveté ni la même ardeur : le culte affecte quelques-unes de ces formes bizarrement merveilleuses qu'il avait déjà revêtues sous l'empire des idées sacerdotales. Il y a dans la poésie un retour vers les anciens dogmes théocratiques. Témoin des désordres de son siècle, Hésiode crut peut-être les arrêter en retraçant la généalogie de ces dieux dont il voyait s'affaiblir la puissance. Ses ouvrages durent rappeler la pensée publique vers des sujets religieux. Mais son mérite le plus incontestable, c'est d'avoir été poète moraliste. A la paresse, à l'amour de l'or et des plaisirs, à tous les vices d'une société où les croyances s'énervent, mais où les idées s'étendent et se fortifient, il oppose la sagesse de ses maximes. Les conseils qu'il donne à son frère s'appliquent à tous ses contemporains. Sa muse initie l'homme au culte d'une morale plus pure ; elle flétrit l'oisiveté comme un fléau et vante le travail comme une source inépuisable de vertus, de richesses et de bonheur. Poète cyclique ainsi qu'Homère, Hésiode fonde une école de chantres gnomiques, semblable à l'école de ces chantres épiques que la Grèce salua du nom d'Homérides.

Ainsi l'époque de la première civilisation grecque se divise en trois périodes distinctes, dont Orphée, Homère et Hésiode sont les représentants. Un examen attentif des œuvres d'Homère et d'Hésiode atteste qu'ils ont dû naître en deux siècles différents sous le rapport de la religion et de la politique, de l'état social et de la poésie. Ces preuves, tirées de leurs ouvrages mêmes, nous semblent les plus propres à détruire l'idée de leur coexistence. Un critique célèbre, Benjamin Constant, place entre eux l'intervalle de deux siècles, et cette conjecture offre, selon nous, plus de vraisemblance que toutes les autres opinions, que nous nous bornerons à rappeler sommairement. Hérodote dit qu'ils ont vécu quatre cents ans avant lui. Plutarque raconte la lutte de ces deux poètes, qui se disputèrent la palme des vers à Chalcis. Philostrate, Varron, Érasme, les considèrent aussi comme contemporains ; mais Philochore, Xénophane et d'autres auteurs soutiennent qu'Homère est plus ancien. Cicéron dit que ce poète lui semble antérieur de beaucoup de siècles. Velleius Paterculus et Proclus croient Hésiode plus jeune, l'un de cent vingt années, l'autre de quatre siècles. Porphire prétend qu'il a vécu un siècle après Homère. Solin met entre eux l'espace de cent trente ans. L.-G. Giraldi, Fabricius, Saumaise, Leclerc, Dodwell, Wolff, assignent également à Hésiode une date postérieure. Dans ce conflit de sentiments divers, au milieu desquels Pausanias n'ose pas se prononcer, nous avons dû appeler la poésie au secours de la chronologie. La lecture des ouvrages d'Hésiode donne lieu de croire que, postérieur d'environ deux cents ans à Homère, il a vécu dans le huitième siècle avant l'ère chrétienne.

Quant à sa vie, elle a, comme celle d'Homère, fourni matière à des récits opposés.

D'abord, était-il originaire de Cume en Éolie ou d'Ascra en Béotie ? D'un côté, Plutarque dit, d'après Éphore, que son père, étant déjà établi dans Ascra, y épousa Pycimède. De l'autre, Suidas prétend qu'Hésiode, encore très-jeune, fut transporté par ses parents de Cume, sa patrie, dans Ascra. Strabon, Proclus et Tzetzès rapportent le même fait. Hérodote et Étienne de Byzance le font naître également à Cume.

L'examen de ses poèmes nous servira à résoudre une question d'ailleurs peu importante. Lorsqu'il raconte dans les *Travaux et les Jours* (v. 635) que son père s'est transporté de Cume dans Ascra pour y chercher des moyens d'existence, il n'ajoute pas y être venu avec lui. Si cette circonstance avait eu lieu, n'en aurait-il pas fait mention ? Un voyage maritime, surtout dans son enfance, n'aurait-il pas dû frapper son imagination et rester dans sa mémoire ? Il y a plus : il dit formellement dans le même poème (v. 650) qu'il n'a jamais navigué qu'une seule fois, dans son trajet d'Aulis en Eubée, où il remporta le prix de poésie aux funérailles du roi Amphidamas. De ces deux passages on peut légitimement conclure qu'il naquit dans Ascra, où son père s'était établi. Ce père, dont il ne dit pas le nom, s'appelait Dius, selon beaucoup d'écrivains. Vraisemblablement il amassa quelque fortune dans Ascra, puisque, après sa mort, ses deux fils plaidèrent pour le partage de sa succession. Persès corrompit les juges et obtint la part la plus considérable ; mais Hésiode devint bientôt plus riche, grâce à sa frugalité et à son économie. Assez généreux pour soulager plusieurs fois les besoins de son frère, il tenta encore de le ramener à la sagesse en composant pour son instruction le poème des *Travaux et des Jours*.

Hésiode préférait à la vie corrompue des cités l'innocence et la tranquillité des campagnes. Pasteur sur l'Hélicon, il exerçait un métier qui, dans les âges fabuleux et héroïques, avait été le partage des dieux et des rois. C'est là que les Muses, lui reprochant sa paresse, lui donnèrent une branche de laurier et l'animèrent du souffle poétique. Dès lors il se voua tout entier à leur culte ; amant de la gloire, il apprit que les fils du roi Amphidamas, pour célébrer les funérailles de leur père, avaient ouvert à Chalcis en Eubée un concours de poésie ; il y obtint la victoire et en remporta un trépied, qu'il dédia aux Muses de l'Hélicon par reconnaissance ou pour se conformer à l'usage de son siècle. Suivant Proclus, Panidès, frère d'Amphidamas, l'avait couronné comme ayant célébré, non la guerre et le carnage, mais l'agriculture et la paix. Diogène de Laerte (liv. 2, sect. 46) et Thomas Magister (argument des *Grenouilles* d'Aristophane) lui donnent pour antagoniste un chantre nommé Cercops. Plusieurs autres écrivains prétendent que c'était Homère lui-même dont il avait été vainqueur, mais ils ne méritent pas de créance. Ainsi l'ouvrage intitulé *le Combat d'Homère et d'Hésiode* a été sans doute fabriqué par quelque détracteur d'Homère ou par quelque grammairien postérieur au siècle d'Adrien. Le sujet de cet opuscule ressemble à ceux que les rhéteurs et les sophistes donnaient à traiter à leurs élèves. D'ailleurs l'argument le plus péremptoire contre une semblable lutte n'est-il pas le silence d'Hésiode ? S'il avait eu Homère pour rival, ne se serait-il pas vanté de l'avoir vaincu ?

Plutarque raconte, dans le *Banquet des sept Sages*, qu'Hésiode, après sa victoire, se rendit à Delphes, soit pour consacrer son prix à Apollon, soit pour interroger l'oracle sur son avenir et qu'il reçut cette réponse : « Heureux ce mortel qui visite ma demeure, cet Hésiode que chérissent les Muses immortelles ! Sa gloire s'étendra aussi loin que les rayons de l'aurore. Mais redoute le bois fameux de Jupiter Néméen. C'est là que le destin a marqué le terme de ta vie. »

Hésiode, comme le raconte l'auteur du *Combat*, s'éloigna du Péloponèse, pensant que la divinité avait voulu désigner le temple consacré dans ce pays à Jupiter Néméen. Parvenu dans OEnoë, ville de la Locride, il s'établît chez Amphiphane et Ganyctor, fils de Phégée, ne comprenant pas le sens de la prédiction, car tout ce lieu s'appelait le lieu consacré à Jupiter Néméen. Comme il séjourna longtemps chez les OEniens, de jeunes hommes, le soupçonnant d'avoir violé leur sœur, le tuèrent et le précipitèrent dans la mer, entre l'Eubée et la Locride. Le troisième jour son corps fut rapporté par des dauphins tandis qu'on célébrait une fête en l'honneur d'Ariane. Tous les habitants, accourus sur le rivage, reconnurent le cadavre et l'ensevelirent avec pompe. On poursuivit les assassins, qui s'élancèrent dans une barque de pêcheurs et naviguèrent vers la Crète ; mais au milieu de la traversée, Jupiter les foudroya et les précipita dans les flots. Suivant Pausanias (*Béotie*, ch. 31), ces jeunes hommes, qui étaient les fils de Ganyctor, Ctiménus et Antiphus, s'enfuirent de Naupacte à Molycrium, à cause du meurtre d'Hésiode, et là, ayant commis quelque impiété envers Neptune, ils subirent le châtiment mérité. Pausanias dit que tout le monde est d'accord sur ces faits, mais qu'il n'en est pas de même au sujet d'Hésiode ; que, selon les uns, il fut accusé a tort d'avoir fait violence à la sœur de ces jeunes gens et que, d'après les autres, il était réellement coupable. Plutarque, dans *le Banquet de Dioclès*, explique ainsi la cause de sa mort : Hésiode, avec Milésius et un enfant nommé Troïle, fut reçu chez un hôte dont Milésius viola la fille pendant la nuit ; les frères de la jeune fille, croyant Hésiode coupable, le tuèrent dans une prairie avec Troïle et le jetèrent dans la mer, en laissant le corps de l'enfant sur le rivage ; des dauphins ayant rapporté le cadavre d'Hésiode au moment où l'on célébrait la fête de Neptune, les habitants du pays démolirent la maison de ses meurtriers et les noyèrent eux-mêmes.

Pausanias rapporte (*Béotie*, ch. 38) que de son temps on voyait à Orchomène le tombeau d'Hésiode, et il raconte pour quel motif les habitants de cette ville l'y avaient érigé : « Une maladie contagieuse faisant périr les hommes et les animaux, on envoya des députés pour consulter le dieu. On assure que la Pythie leur répondit qu'il fallait transporter les os d'Hésiode de la Naupactie dans l'Orchoménie et qu'il n'y avait pas d'autre remède au fléau. Les envoyés ayant demandé ensuite dans quel lieu de la Naupactie ils trouveraient ces ossements, la Pythie leur annonça qu'une corneille le leur indiquerait. Lorsqu'ils eurent débarqué dans le pays de Naupacte, ils aperçurent à peu de distance de la route un rocher où était perchée une corneille, et ils découvrirent les os d'Hésiode dans le creux de ce rocher. On grava sur le tombeau l'épitaphe suivante :

« Ascra, riche en moissons, fut la patrie d'Hésiode ; mais la terre des Minyens, dompteurs de chevaux, possède les os de ce poète dont la gloire a été si éclatante dans la Grèce parmi les hommes qui jugent d'après les lois de la sagesse. »

Quels qu'aient été le motif et le genre de la mort d'Hésiode, la tradition veut qu'il soit parvenu jusqu'à un âge très-avancé. De là le proverbe d'une *vieillesse hésiodéenne* et ce distique attribué à Pindare par Tzetzès (Prolégomènes ad *Erga*).

« Salut, mortel qui es entré deux fois dans l'adolescence et qui as eu deux fois un tombeau : Hésiode ! ô toi qui as atteint le dernier degré de la sagesse humaine. »

Hésiode laissa un fils dont il parle (les *Travaux et les Jours*, v. 315), mais sans le nommer et sans dire quelle fut sa mère. Quelques auteurs prétendent que cette jeune fille, appelée Clymène ou Ctémène, qu'il fut soupçonné d'avoir violée, avait été son épouse légitime et lui avait donné un fils nommé Mnaséas, Stésichore ou Archiépès.

Tout ce qu'on a débité sur la vie et la mort d'Hésiode semble porter le caractère de la fable plutôt que de l'histoire ; les seuls faits authentiques sont les événements consignés dans ses poèmes, tels que sa condition de pâtre sur l'Hélicon, sa victoire à Chalcis, son procès avec son frère et la naissance de son fils. Quant à son caractère, il s'est peint lui-même dans ses ouvrages ; ami d'une existence sédentaire, observateur de la tempérance et de la justice, religieux jusqu'à la superstition, il n'ambitionna point la faveur des rois et borna son ambition à se rendre utile à ses concitoyens, à qui il prêchait la morale en beaux vers. Sa mémoire obtint les faveurs qui l'avaient fui pendant sa vie. L'admiration publique lui fit ériger, suivant Pausanias, des statues à Thespie, à Olympie, sur l'Hélicon. Chantées par la bouche des rhapsodes et transmises des pères aux enfants par la tradition orale, ses poésies furent rassemblées à la même époque que l'*Iliade* et l'*Odyssée*. Rien ne manqua à la renommée du poète, puisqu'il eut même la gloire d'irriter l'envie. Hésiode, dit-on, eut son Cercops, comme Homère son Zoïle.

Après avoir jeté un coup d'œil sur le siècle et la vie d'Hésiode, nous examinerons ses œuvres avec plus de détails. Quel a été son premier ouvrage ? Plusieurs critiques prétendent que c'est celui des *Travaux et des Jours*, parce que Pausanias dit (*Béotie*, ch. 31) avoir vu sur l'Hélicon, auprès de la fontaine, des lames de plomb très-altérées par le temps et sur lesquelles ce poème était inscrit. La nature de son sujet leur semble encore un puissant motif de croire à son antériorité. On peut leur répondre premièrement que l'existence du poème des *Travaux et des Jours*, tracé sur des lames de plomb, ne saurait indiquer la date de sa composition, attendu que, composé sans le secours de l'écriture, il n'a eu besoin que plus tard de chercher en elle un appui plus durable que les chants des rapsodes et la mémoire des peuples ; en second lieu, qu'il doit se rattacher à une époque où la civilisation avait altéré déjà la foi naïve et les mœurs simples des premiers âges, puisqu'il nous montre presque partout l'équité aux prises avec l'intérêt, la paresse en opposition avec la nécessité du travail, des pratiques de religion minutieuses et puériles succédant à l'ardeur et à la sainteté des vieilles croyances, une poésie qui cherche à moraliser et à convaincre au lieu de raconter et d'émouvoir. Toutefois nous sommes loin de prétendre qu'il soit postérieur à la *Théogonie*. Autant qu'il est permis de le conjecturer dans une question d'une si haute antiquité, ces deux poèmes nous semblent contemporains.

L'authenticité de la *Théogonie* a été révoquée en doute, et le scepticisme à cet égard s'est appuyé du récit de Pausanias, qui rapporte (*Béotie*, ch. 31) que les Béotiens, voisins de l'Hélicon, assuraient qu'Hésiode n'avait composé d'autre poème que celui des *Travaux et des Jours*. Mais on ne doit pas oublier que Pausanias parle d'une autre opinion qui lui attribuait un grand nombre d'ouvrages, parmi lesquels se trouve la *Théogonie*. D'ailleurs, si nous ajoutons foi au témoignage d'Hérodote, de Platon, d'Aristote, d'Eratosthène, d'Acusilaüs, de Pythagore, de Démosthène de Thrace, d'Agatharchide de Cnide, de Manilius, de Xénophane de Colophon, de Zénon le stoïcien, de Chrysippe, du grammairien Aristonicus, de Zénodote et d'autres savants de l'école alexandrine, nous sommes en droit de regarder la *Théogonie* comme l'œuvre légitime du chantre béotien. Devons-nous pour cela penser qu'elle ait franchi un intervalle de plus de deux mille six cents ans sans additions, sans pertes, sans changements ? Non : il en est d'Hésiode comme d'Homère : les rhapsodes ont mis la main dans ses œuvres. La *Théogonie*, qui n'a pas plus été écrite que l'*Iliade*, quoiqu'elle lui soit postérieure, présente encore plus d'empreintes d'un travail étranger. En considérant l'ensemble et les détails du poème, la série de ces fables, souvent décousues ou maladroitement liées, la manière diverse et inégale d'exagérer les faits ; là d'oiseuses répétitions, ici des lacunes ou des contradictions frappantes, on ne peut s'empêcher de convenir que nous ne possédons qu'un monument incomplet, qu'un poème conforme sans doute pour le fond, mais dissemblable en beaucoup de parties à celui qui est sorti pour la première fois de la bouche inspirée du poète. Un sujet si religieux, si populaire, célébré par tant de chantres, semblait provoquer naturellement l'insertion de ces nombreux fragments qui l'ont amplifié. La plus grande partie des interpolations remonte probablement à une époque très-ancienne. Depuis les rhapsodes, qui chantaient la *Théogonie* de ville en ville, jusqu'aux critiques de l'école d'Alexandrie, comme Cratès, Aristarque, Zénodote et d'autres, qui s'occupèrent de la révision de son texte, combien d'altérations successives n'a-t-elle pas dû éprouver ! Examinons-la toutefois telle qu'elle nous est parvenue.

D'abord on ne saurait douter que la *Théogonie* n'ait été précédée de plusieurs ouvrages de la même nature, bien que, pour montrer dans Homère et dans Hésiode les fondateurs de la mythologie grecque, on ait souvent cité ce passage d'Hérodote (liv. 2, c. 53) : « D'où chacun des dieux est-il venu ? Tous ont-ils existé de tout temps ? Quelles étaient leurs formes diverses ? Les Grecs ne le savent que depuis hier, pour ainsi dire, car je ne crois pas qu'Hésiode et Homère aient vécu plus de quatre cents ans avant moi. Ce sont eux qui ont été les auteurs de la théogonie des Grecs, qui ont donné des surnoms aux dieux, partagé entre eux les honneurs et les inventions des arts et décrit leurs figures. » Hérodote sans doute a voulu dire qu'Homère et Hésiode furent au nombre des premiers poètes qui chantèrent la religion grecque et dont les œuvres leur survécurent : il n'ignorait pas que cette religion existait bien longtemps avant eux. Homère et Hésiode ont pu greffer quelques rameaux sur l'arbre des anciens dogmes ; mais, quel que fût l'ascendant de leur génie, ils n'ont pu implanter brusquement sur le sol de la Grèce une mythologie toute nouvelle. Hésiode n'a donc point inventé de théogonie ; sa voix n'a été que l'écho des croyances populaires. Avant lui la poésie grecque avait enveloppé de ses formes sévères des pensées mystiques, comme les oracles, ou liturgiques, comme les lois des initiations et des purifications. L'école orphique est la source où il paraît avoir puisé le plus abondamment : plusieurs chantres de cette école et d'autres encore ont pu lui servir de modèles. Pausanias rapporte (*Béotie*, c. 27) que Olen de Lycie composa pour les Grecs les plus anciens hymnes connus et qu'il inventa les vers hexamètres (*Phocide*, c. 5). Pamphus, suivant Philostrate (*in Heroicis*), célébra le premier les Grâces et consacra un hymne à Jupiter. Musée, d'après Diogène de Laerte, fut l'auteur d'une *Théogonie*, quoique Pausanias (*Attique*, ch. 22) ne reconnaisse comme son seul ouvrage légitime qu'un hymne pour les Lycomèdes en l'honneur de Cérès, dont Homère et Hésiode, selon Clément d'Alexandrie (*Stromates*, liv. 6), ont imité quelques passages. Mélampe passe pour avoir expliqué en vers les mystères de Bacchus. Les combats des dieux contre les Titans servirent aussi de sujets à beaucoup de poèmes, parce qu'ils offraient la personnification de la lutte des éléments. En effet, la première période de la poésie grecque est toute mythique : elle présente, non les simples jeux de l'imagination, mais le caractère solennel et grave du symbolisme. C'est sur la base des généalogies que repose l'édifice de la mythologie païenne. Les objets extérieurs et leurs principes furent personnifiés de telle sorte que l'on regardait comme engendrée d'une autre chose celle qui renfermait en elle-même le germe de son existence. Ce premier genre de génération comprit les cosmogonies et les théogonies établies par les physiciens sur le combat des éléments, sur l'organisation du ciel et de la terre, sur la puissance des forces productives et destructives de la nature. Le second embrassa dans la suite les héros fondateurs d'un peuple et d'une ville ou célèbres par leurs exploits et par leurs bienfaits envers l'humanité : on fit remonter leur origine jusqu'à l'antiquité la plus haute, soit qu'on suivît la route des vieilles traditions, soit qu'on appliquât l'ancien langage au récit des fables et qu'on se servît pour de nouveaux mythes de ces mêmes dieux inventés dans les époques cosmogoniques, où l'esprit, fortement frappé des objets exposés à la vue, cherchait à produire au dehors, comme des faits, ses impressions et ses pensées. Ainsi donc les premiers poètes de la Grèce convertirent le vieux langage des symboles en récits mythiques qui devinrent le développement détaillé d'un sens abstrait et profond. Hésiode nous présente de nombreuses imitations des dogmes de ces poètes. Comme il ne vint que longtemps après eux, il mêla aux symboles changés en mythes les mythes changés en histoires. Toutefois au milieu de ce mélange on reconnaît encore le type primitif. Mais ces allégories dont s'enveloppe sa muse, il n'en pénétrait pas probablement le sens occulte ; il les rapportait comme des traditions populaires, sans se douter qu'elles se rattachaient en partie à cette première religion révélée à l'homme dans le berceau de l'univers. On remarque plusieurs similitudes entre ses poésies et les saintes Écritures. Hésiode est généalogiste à la manière de Moïse, et la *Théogonie* est, à quelques égards, la Genèse du paganisme. Mais comme les points de contact des religions grecque et hébraïque n'ont pas été directs, il est difficile de les déterminer d'une manière précise, parce que ces emprunts se sont antérieurement combinés, modifiés ou altérés avec les divers cultes de l'Égypte, de la Phénicie et des autres contrées. Toutefois le début des cosmogonies hébraïque, phénicienne et grecque offre des traits de ressemblance qu'on ne saurait méconnaître.

Moïse dit, au commencement de la Genèse :

« La terre était informe et nue ; les ténèbres couvraient la face de l'abîme et le souffle de Dieu planait sur les eaux. »

Sanchoniathon admet pour principe du monde le souffle d'un air ténébreux, un chaos confus et le désir qui excite tous les êtres à leur reproduction.

Hésiode nous montre, avant tout, le Chaos, puis la Terre, ensuite le Tartare, enfin l'Amour, lien harmonique de tous les éléments, source de toute création.

L'empreinte originelle et identique des deux idées, d'abord de la confusion des éléments, puis de leur coordination, ne se manifeste-t-elle pas dans ces trois fragments ? Plusieurs orientalistes ont établi d'autres rapports entre les récits de Moïse, de Sanchoniathon et d'Hésiode. Ainsi ils ont considéré Abraham, auteur de la circoncision, comme le type du Cronos des Phéniciens et de celui des Grecs, qui privent Uranus leur père de ses parties génitales. Les détails avec lesquels Sanchoniathon raconte la mutilation d'Uranus par Cronos sont évidemment la source où Hésiode a puisé toute sa narration. L'origine de ces mythes bizarres provient des idées symboliques qu'on attachait au lingam et au phallus dans l'Inde et dans l'Égypte.

D'après Fourmont (*Réflexions sur l'origine, l'histoire et la succession des anciens peuples*, liv. 2, c. 5), le livre d'Hénok, l'historien de la Phénicie et le poète d'Ascra s'accordent à peu près pour les trois races que rapportent les traditions des âges primitifs.

Nous pourrions signaler d'autres traits de similitude plus éloignés et plus confus ; mais nous aimons mieux nous borner à constater quelques rapports plus frappants entre la religion phénicienne et la *Théogonie* d'Hésiode. Dans le fragment de Sanchoniathon que nous a conservé Eusèbe, ne découvrons-nous pas une identité remarquable entre l'invention du feu par Phos, Pyr et Phlox et la découverte de cet élément par Prométhée, entre ces hommes doués d'une force et d'une taille prodigieuse qui donnèrent leurs noms aux montagnes dont ils s'emparèrent et les trois géants Cottus, Briarée et Gygès, entre ces Bétyles, ou pierres animées, qu'inventa Uranus et la pierre emmaillotée que la Terre fit avaler à Saturne ? Dans les deux *Théogonies*, Uranus et Gué, quoique frère et sœur, ne s'épousent-ils pas et n'ont-ils pas Cronos pour fils ? L'Hermès, la Vénus et le Vulcain de la Grèce ne rappellent-ils pas le Taaut, l'Astarté et le Sydic de la Phénicie ? La famille de Nérée et de Doris, la race de Phorcys et de Céto ne portent-elles pas l'empreinte d'une origine phénicienne ? Les noms de Pontus, de Nérée, de Poséidon, de Notus et de Borée ne se rencontrent-ils pas également chez Sanchoniathon et chez Hésiode ? Enfin la conformité de plusieurs autres noms, les divers points d'analogie de l'un et l'autre idiome, la fréquence des relations que des liens de commerce ou de mariage avaient redoublées entre les deux peuples, tout ne prouve-t-il pas que l'empreinte de ces dogmes phéniciens, importés par les premières colonies, est plus manifeste dans les poèmes d'Hésiode que dans ceux de tous ses devanciers ?

Si nous cherchons maintenant les traces de la religion égyptienne dans la *Théogonie*, ce Typhoë, qu'Hésiode décrit sous l'image d'un monstre combattu par Jupiter, nous semblera une copie du Typhon d'Égypte, dieu malfaisant. Il y a dans cette lutte une allusion au dualisme des principes du bien et du mal, représentés dans l'Égypte par Osiris et Typhon.

Cette Hécate, qu'Hésiode le premier transporta dans le polythéisme grec, n'est autre, suivant Jablonski (*Panthéon égyptien*), que la Titrambo égyptienne.

Latone est assimilée par Hérodote (liv. 2, c. 156) à l'Égyptienne Buto, qui représente l'air ténébreux dont la région sublunaire est remplie. Le même historien compare Apollon à Orus, Cérès à Isis, Artémis à Bubastis.

La nuit primitive, *Aides* ou Pluton, *Athéné* ou Minerve, *Héphaistos* ou Vulcain, nous reportent à l'*Athor*, à l'*Amanthès*, à la *Neitha*, au *Phtas* de l'Égypte.

Enfin, les formes grandioses et monstrueuses attribuées aux premiers simulacres de la Grèce, certaines idées sur la génération des êtres, sur les qualités des éléments, sur le dogme encore confus de l'immortalité de l'âme, attestent les nombreux emprunts que les chantres sacrés de la Grèce firent aux prêtres de Memphis. N'oublions pas qu'Hérodote (liv. 2, c. 81) considérait comme identique les qualifications d'Orphique et d'Égyptien.

L'Inde nous fournira aussi plusieurs lumières dont les croyances du polythéisme d'Hésiode n'ont été que le reflet.

Les *Pouranas* traitent, ainsi que la *Théogonie*, de la création du monde et de la généalogie des dieux.

Minerve est enfantée par la tête de Jupiter, comme les Brames sont issus de celle de Brama.

Jupiter, renfermant Métis dans ses entrailles,

rappelle le Dieu suprême de l'Inde, qui tire de son propre sein Mana, ou l'intelligence.

Vichnou et les géants luttent pour la possession de l'*amrita*, breuvage d'immortalité, comme Jupiter et les Titans pour l'empire de l'Olympe.

Les centimanes d'Hésiode ont pu avoir été modelés d'après ce Crischna, qui possède une si grande quantité de bras, d'yeux et de bouches.

Saturne engloutit ses enfants comme Haranguer Behah : les deux cultes consacrent le symbole universel de la créature détruite par son propre créateur.

Nous pourrions signaler encore d'autres généalogies mythiques tirées des religions antérieures au polythéisme grec. Ainsi les Grecs ont peut-être reçu leur Hythyia du pays des Hyperboréens et leur Neptune de la Lybie. C'est peut-être de la Scythie que Vesta leur est venue. On dirait qu'il existe des rapports entre les Izeds qu'Ormuzd créa pour faire le bien et les génies tutélaires dont parle Hésiode ; entre Persée et Mithras ; entre Hercule et le Roustan de l'épopée persane ; entre l'Olympe de la Grèce et l'Albordj de la Perse, qui rappellent tous deux le mont Mérou de l'Inde. Toute la race du soleil et de la lune contient une foule de dénominations orientales et les souvenirs d'un culte astronomique.

Ainsi s'éleva le polythéisme de la Grèce, vaste panthéon où chaque nation appliqua son ciment, mais qui, malgré tant de couches successives, dut au génie hellénique la majesté, l'harmonie et la grandeur de son ensemble. L'époque où le polythéisme acquit le plus d'indépendance et de popularité fut l'époque homérique. La période antérieure est celle vers laquelle remonte Hésiode. Ces merveilleuses et gigantesques créations des premiers âges, telles que les Cyclopes, les Centimanes, les Harpies, les Gorgones, Typhoë, la Chimère, Échidna occupent chez lui plus de place que chez Homère. La *Théogonie* contient des allusions, soit aux guerres et aux actions des anciens héros, soit aux conflagrations, aux déluges, aux catastrophes locales ou universelles qui avaient ravagé le globe, soit aux luttes de quelques sacerdoces ennemis, soit enfin au sabéisme et aux dogmes symboliques répandus dans la Grèce primitive. De là un antagonisme de l'ancien et du nouvel élément religieux ; de là une œuvre complexe où, à travers le coloris de la forme grecque, on voit souvent percer le fond des doctrines orientales ; de là une mosaïque composée des débris de la théologie d'Orphée et de l'anthropomorphisme d'Homère, mais où l'on remarque déjà quelques-uns de ces premiers matériaux qui servirent dans la suite à la construction du nouveau temple érigé par Pythagore et par Socrate. Quoique le culte chez Hésiode n'ait point dépouillé encore la grossièreté de ses anciennes formes, sa morale commence à s'améliorer. Les dieux mettent plus de soin à juger les actions humaines, à récompenser la vertu, à punir le crime. L'Olympe mythologique, à mesure qu'il s'éloigne de la terre, s'élève vers une région plus brillante et plus pure.

L'examen du système, ou, pour mieux dire, des divers systèmes que renferme la *Théogonie*, a donné lieu à une foule d'explications contradictoires. Les uns, à l'instar des savants de l'école d'Alexandrie, n'y ont vu qu'une série continuelle de symboles et d'allégories ; les autres, adoptant les idées d'Évhémère et de Diodore de Sicile, n'ont regardé les dieux que comme de simples mortels divinisés à cause de leurs services envers l'humanité ; c'est avec la clé de l'histoire qu'ils ont cru ouvrir le sanctuaire de toutes les énigmes de la fable. Nous ne nions pas que l'histoire ne soit quelquefois entrée comme élément important dans le polythéisme d'Hésiode ; mais nous pensons que c'est dans le symbole et dans le mythe qu'il faut en chercher la base fondamentale. Ces symboles, ces mythes s'étaient développés, quelquefois altérés ou perdus avec le temps ; leur type primitif avait dû nécessairement s'effacer lorsqu'il se revêtit des formes humaines de l'épopée homérique. Aussi Hésiode, en cherchant à renouer une chaîne interrompue, ne pouvait-il expliquer le sens occulte des faits divins dont il ramassait les débris épars dans la mémoire des hommes. Nous ne saurions donc obtenir la solution complète de tant de problèmes. Toutefois, d'après l'idée que nous pouvons concevoir de la nature de quelques-uns, nous sentons que dans tous devait dominer une pensée grave, mystique, révélée, contemporaine peut-être des premiers jours de la création.

Un motif qui a induit en erreur les partisans exclusifs du système historique, c'est qu'Hésiode, postérieur au siècle épique, confond par un anachronisme involontaire les traditions des temps héroïques avec les dogmes plus anciens de l'époque purement religieuse. Les croyances de toute date se pressent confusément dans son poème, quoiqu'il ait tenté de réunir en un corps homogène de doctrines tant d'allégories mythiques, cosmogoniques ou morales. La seule idée dominante qui plane sur toute la *Théogonie*, c'est l'idée des trois règnes ou plutôt des trois cultes d'Uranus, de Saturne, de Jupiter. Le culte de Jupiter admet surtout des développements et des changements considérables : tout ce qui le précède est bizarre, mystérieux, désordonné, parce qu'il y a encore lutte entre les dieux qui représentent les forces aveugles de la nature ; tout ce qui vient après porte le caractère de la régularité, de la sagesse et de la beauté. Lorsque Jupiter, vainqueur des Titans, a obtenu l'empire des dieux et des hommes, ou, en d'autres termes, lorsque le principe de l'intelligence a triomphé de celui du désordre, nous voyons naître non plus des géants et des monstres, mais des êtres doués de proportions naturelles, revêtus de formes élégantes ; alors s'établit une hiérarchie durable dans les honneurs et les emplois de chaque divinité. Le poète, dans l'énumération de ces trois dynasties célestes et des nombreuses généalogies qui s'y rattachent, entrelace au tissu principal de sa narration beaucoup de fils accessoires. En accumulant tous ces détails, il semble reproduire dans la composition de son œuvre une image de ce polythéisme qui n'était parvenu jusqu'à lui qu'après avoir traversé tant de siècles, de pays et de croyances. Placée dans une de ces époques de transition où la société en travail enfante douloureusement un nouvel ordre de choses, au milieu des monarchies qui s'écroulent de toutes parts et des républiques qui commencent à s'élever, sa muse semble une prophétesse qui embrasse à la fois le passé et l'avenir de la religion grecque.

Hésiode, dans la *Théogonie*, a passé en revue

cette foule de dieux qui composaient le polythéisme. C'est jusqu'au chaos qu'il a fait remonter les innombrables anneaux de la chaîne de cette généalogie céleste, et sa lyre a peuplé la terre et le ciel, les enfers et la mer des divinités créées par l'imagination ou admises par la crédulité d'une nation enthousiaste. Descendu des hauteurs sacrées, il jette, dans les *Travaux et les Jours*, ses regards sur la famille humaine ; alors il ne raconte plus, il conseille ; le mythologue devient moraliste. En adressant à son frère Persès des maximes de sagesse et de vertu, d'économie domestique et rurale, il cherche à exciter chez tous ses contemporains le goût du travail. En effet, en quittant la vie guerrière pour la vie agricole et civile, les peuples ont dû substituer l'empire du travail, l'amour de la propriété à l'abus de la force, aux rapines de la conquête. Le poème des *Travaux et des Jours* nous montre l'introduction des deux éléments nouveaux du travail et de l'ordre. Quoique renfermé dans un cercle moins large que celui de la *Théogonie*, il gagne en utilité ce qu'il semble perdre en grandeur et en élévation. Mais le poète n'a dans sa marche rien de fixe ni de gradué : après avoir invoqué les Muses, il s'adresse à Persès ; puis il raconte la fable de Pandore, décrit les cinq âges du monde, cite un apologue, donne des conseils tantôt à son frère, tantôt aux souverains, trace des préceptes pour l'agriculture, pour la navigation et finit par recommander des pratiques superstitieuses soit pour l'exécution des travaux champêtres, soit pour l'observation des jours propices et funestes.

Les *Travaux et les Jours* présentent donc une nomenclature de préceptes qui aurait pu se prolonger encore davantage ; il est probable que ce poème ne nous est point parvenu dans sa totalité. La plantation des arbres, par exemple, ne devait-elle point faire partie d'un code poétique d'agriculture ? Heinsius (*Introductio in Opera et Dies*) observe qu'Hésiode devait avoir compris dans son poème les préceptes relatifs à ce genre de travail.

Pline se plaint de ce que l'on commençait à ignorer de son temps la plupart des noms d'arbres mentionnés par Hésiode. On voit en outre par un fragment de Manilius (*Astronomiques,* c. 2,) qu'Hésiode avait dû enseigner l'art de planter les arbres, indiquer la qualité des terrains propres à la culture du blé et de la vigne, et même parler des bois et des fontaines. Ces diverses parties de son ouvrage n'ont point été conservées ; il peut en avoir été de même de beaucoup d'autres.

Tout mutilé qu'il est, ce poème ne laisse pas d'être aussi utile à étudier que la *Théogonie*. Indépendamment du luxe de poésie dont il est orné en certains passages, il fournit de précieux matériaux pour reconstruire le siècle d'Hésiode : s'il nous atteste les progrès des sciences et des arts, il nous initie au secret de cette corruption de mœurs qui dégénérait en tyrannie chez les rois, en vénalité chez les juges, en avarice, en jalousies, en haines, en paresse chez presque tous les citoyens. Mais en même temps que les justes plaintes d'Hésiode annoncent un état rongé de vices nombreux, une société différente de celle que nous représente Homère, le poète remonte, sous le rapport de la religion, à une époque bien antérieure, puisqu'il constate cette croyance des premiers siècles du polythéisme que les dieux et les hommes étaient issus d'une commune origine. Hésiode, ici comme dans la *Théogonie*, est toujours le chantre de deux époques. S'il cherche à corriger ses contemporains, c'est en évoquant d'anciens souvenirs, c'est en prononçant des commandements et des interdictions qui ressemblent aux dogmes des religions sacerdotales, c'est en revêtant sa muse de cette forme sentencieuse qu'affectait la poésie symbolique des temps primitifs. La formule des anciens oracles a contribué également à resserrer cette poésie dans les limites d'une expression brève et synthétique dont elle ne se dégagea entièrement qu'à l'apparition de l'épopée. L'histoire nous a conservé le souvenir de plusieurs poèmes didactiques qui datent de cette première période. Pausanias (*Béotie*, t. 31) cite les *Préceptes de Chiron pour l'éducation d'Achille*, et Plutarque (*Vie de Thésée*) les sentences morales du vieux Pitthée. Clément d'Alexandrie rapporte (*Stromates*, liv. 1, p. 2361) un vers d'un poème intitulé la *Titanomachie*, d'après lequel le centaure Chiron avait enseigné aux hommes la *religion du serment, les sacrifices et les formes de l'Olympe*. Suivant Diogène de Laerte, Musée chanta le premier la théogonie et la sphère. Orphée, dit-on, composa un poème des *Travaux et des Jours*. Tzetzès prétend qu'Hésiode avait fait quelques emprunts à Mélampe. Telles sont les sources où Hésiode a puisé peut-être l'idée principale et les détails de son ouvrage. Mais comme le temps n'a point respecté les poèmes antérieurs au sien, nous pouvons placer les *Travaux et les Jours* à la tête de toutes les œuvres didactiques et gnomiques de l'antiquité grecque. Hésiode ouvrit la carrière où marchèrent Solon, Simonide, Phocyclide, Théognis, Pythagore, Mimnerme, Panyasis, Rhianus, Evénus, Eratosthène, Naumachius, Oppien, Nicandre et Aratus.

Son poème est donc pour nous le premier qui consacre l'union féconde de la poésie avec la morale et la science ; il ne peut avoir été composé que dans un temps où l'épopée en décadence fut remplacée par des ouvrages qui renfermèrent non plus le récit des anciens exploits, mais d'utiles préceptes applicables à la religion et à la vie champêtre ou domestique. Les *Travaux et les Jours*, chantés par fragments comme la *Théogonie*, exercèrent sans nul doute une salutaire influence : la sagesse de leurs préceptes dut ramener les peuples de l'existence oisive de la place publique aux occupations honnêtes et profitables de l'agriculture et de l'industrie, à des idées de morale, d'ordre et de justice. La plupart de ces maximes devinrent proverbiales, grâce à la mesure du vers, qui rend plus durable la forme de la pensée. Le patriarche Photius rapporte, d'après un ancien auteur, que ce poème était si cher à Séleucus Nicator qu'après sa mort il fut trouvé sous son chevet. Ainsi Alexandre dormait sur la cassette d'or qui renfermait le chef-d'œuvre du prince de l'épopée.

Si la critique a signalé plusieurs lacunes dans la *Théogonie* et dans les *Travaux et les Jours*, le *Bouclier d'Hercule* est encore bien moins complet, puisqu'il n'offre qu'un fragment qui a dû appartenir à deux ouvrages différents. Les cinquante-six premiers vers, qui parlent de l'amour de Jupiter et d'Alcmène, du retour d'Amphitryon et de la naissance d'Hercule se rattachent probablement au poème intitulé *Mégalai Êoiai*, dans lequel Hésiode chantait les femmes les plus célèbres de la Grèce, tandis que la description du combat de Cycnus et d'Hercule, et du bouclier de ce dernier héros, a pu avoir été détachée d'un autre ouvrage intitulé *Généalogiai êrôicai* ou *Êrôogonia*, que le poète avait consacré à la louange des héros les plus fameux. Cette dernière partie présente une plus forte empreinte de la couleur homérique que le commencement. Nous ne serions pas éloignés de croire qu'elle a été l'œuvre de quelque rhapsode. Le bouclier d'Achille dans l'*Iliade* a pu servir de type à celui de cet Hercule dont la gloire n'était pas moins répandue que la gloire du vainqueur d'Hector. C'est dans les jeux célébrés aux environs de Thèbes qu'on aura eu l'idée de chanter l'Hercule thébain. Ainsi le morceau des *Mégalai Êoiai* qui concerne la naissance de ce héros aura été rattaché à la description de son bouclier et de son combat avec Cycnus. L'école alexandrine assignait à la composition du *Bouclier d'Hercule* une date très-ancienne. Parmi les critiques modernes, Scaliger la fait remonter jusqu'au siècle de Solon et de Tyrtée.

Quant au poème des *Mégalai Êoiai*, que le temps ne nous a point conservé, Pausanias rapporte (*Béotie*, c. 31) que certains peuples le regardaient comme étant d'Hésiode ; il est attribué à ce même poète par Athénée et par les scholiastes d'Apollonius de Rhodes, de Pindare et de Sophocle. Dans l'origine, ce poème dépendait peut-être de la *Théogonie*, dont les deux derniers vers semblent propres à faire naître une telle conjecture. Ce n'est que plus tard qu'on l'en aura séparé, pour lui donner un titre spécial. Hésiode y célébrait les héroïnes les plus illustres, en les proposant pour modèles aux femmes de son siècle ou en les comparant toujours les unes avec les autres. Or, chaque comparaison commençant par cette formule : *ê oiê* ou *telle que*, c'est de là qu'est venu le titre général de *Êoiai* : on sait qu'autrefois les premiers mots des ouvrages de poésie servaient souvent à les faire désigner. Quant à l'épithète de *Mégalai*, quelques savants pensent qu'elle est provenue du grand nombre de vers que ce poème renfermait ; l'importance des héroïnes qui étaient célébrées a pu aussi lui donner naissance. Quoi qu'il en soit, ce titre n'a pas été inventé par les grammairiens ; s'il ne remonte pas jusqu'au premier auteur du poème, il a dû au moins être imaginé dans ces temps où la multiplication des poésies de tout genre exigeait qu'on distinguât chacune par une dénomination particulière. Le témoignage de Pausanias démontre que le poème d'Hésiode était connu très-anciennement chez les Grecs sous le nom de *Mégalai Êoiai*.

Il y a donc lieu de penser que le commencement du *Bouclier d'Hercule* n'est qu'un lambeau de ce grand ouvrage qu'Hésiode avait consacré à la gloire des femmes de l'antiquité, mais qu'un autre poète a composé la description du Bouclier et du Combat. Ces deux fragments, réunis, reçurent le titre de celui qui avait le plus d'étendue et d'importance ; on les appela *le Bouclier d'Hercule*. Si ce poème a été attribué à Hésiode, c'est que son nom, ainsi que celui d'Homère, est comme le centre autour duquel a gravité toute la poésie de son siècle et même celle des âges postérieurs. Mais le caractère spécial de la muse d'Hésiode est moins le genre de l'épopée que les genres didactique et mythique ; elle aime plutôt à dicter des préceptes de morale, à décrire les généalogies humaines et divines qu'à chanter le courage et les exploits des héros. Tout *le Bouclier d'Hercule*, à l'exception du début, n'est donc vraisemblablement qu'un de ces pastiches homériques que les rhapsodes se plaisaient à composer. Si Apollodore, Athénée, Apollonius de Rhodes, Stésichore et l'Athénien Mégaclès l'attribuent à Hésiode, Aristophane le grammairien, Joseph Scaliger, Heinsius, Vossius, Dorville et d'autres célèbres critiques lui en refusent la gloire.

Le fond du sujet et les détails de la narration portent l'empreinte du génie primitif qui chanta le combat d'Achille et d'Hector. Ici les dieux, à l'exemple des dieux homériques, partagent les formes, les passions et les souffrances humaines, viennent secourir les mortels et sont blessés par leur lance ou par leur glaive.

Ce lambeau d'épopée est rempli sans doute de brillantes images, de traits vigoureux, de nobles pensées ; mais plusieurs vers sont textuellement empruntés de l'*Iliade*, et l'on reconnaît dans la couleur générale du style un caractère évident d'imitation. La poésie en est souvent abondante et large comme dans Homère ; elle n'est plus serrée et pleine comme dans Hésiode.

Quant au *Bouclier d'Hercule*, proprement dit, sa description est faite dans le style homérique ; mais il présente dans la nature des idées et dans le choix des figures quelques dissemblances avec le *Bouclier d'Achille*. Celui-ci n'offre point d'allusion à la généalogie ni aux exploits du fils de Pélée ; ses tableaux sont empreints du caractère de la généralité. Celui-là, au contraire, semble convenir à Hercule plus spécialement qu'à aucun autre héros. Homère se complaît davantage à décrire les travaux de la campagne, comme pour reposer sa muse guerrière sur de douces et riantes peintures : l'auteur du *Bouclier d'Hercule* retrace plus longuement les horreurs des combats, sans doute parce que ce tableau formait alors un contraste naturel avec les occupations champêtres de son siècle. On voit que le dernier chantre s'efforce toujours d'amplifier et d'embellir les images dont le premier lui a fourni le modèle. *Le Bouclier d'Achille* ne contient que huit sujets principaux ; *le Bouclier d'Hercule* en renferme un bien plus grand nombre.

Si le *Bouclier d'Hercule* nous offre un précieux objet d'étude, parce qu'il remonte jusqu'à un temps où la poésie était encore populaire, les *Fragments* conservés sous le nom d'Hésiode n'ont pas moins d'intérêt aux yeux du savant. Là un passage sur Linus, dont on chantait la gloire au milieu des festins et des chœurs de danse ; ici un vers sur Danaüs, qui procura de l'eau à la ville d'Argos, rappellent les premiers essais des Muses, les premiers bienfaits de la civilisation. Tous ces débris, dispersés dans les ouvrages des auteurs, des grammairiens et des scholiastes grecs, malgré leur sens incomplet, se rattachent à un vaste ensemble de poésie, car le nom d'Hésiode a été peut-être le nom générique de tous les chantres d'une même époque. Si quelques critiques ont faussement attribué à Hésiode des fragments qui ne lui appartiennent pas, beaucoup d'autres, sans citer de lui aucun vers, font allusion aux traditions d'histoire ou de mythologie consignées dans ses ouvrages. Or, la pensée se refuse à croire qu'il ait pu composer seul tant de poèmes. Plusieurs des fragments qui nous sont parvenus ne présentent donc guère plus d'authenticité que certains passages de la *Théogonie*, des *Travaux et des Jours* et du *Bouclier d'Hercule*. Mais nous avons dû les recueillir religieusement comme les versets d'une légende sacrée dont l'ensemble a péri dans le souvenir des hommes. L'ami des arts, lorsqu'il n'a pas le bonheur de découvrir une statue tout entière, ne rejette point pour cela les tronçons épars qu'il rencontre en fouillant le sol fécond de l'antiquité.

Pausanias rapporte (*Béotie*, c. 31) qu'on attribuait encore à Hésiode un poème sur le devin Mélampe, la *Descente de Thésée et de Pirithoüs aux Enfers*, les *Préceptes de Chiron pour l'éducation d'Achille*, et qu'ayant appris des Acarnaniens l'art de la divination, il passait pour avoir composé des *Prédictions en vers* et un livre d'*Explication des Prodiges*. Hésiode fut l'auteur, d'après Suidas, du *Catalogue des Femmes* en cinq livres, de l'éloge funèbre de son ami Batrachus et d'un poème sur les *Dactyles Idéens* ; suivant Zosime (liv. V, c. 28), des *Théogonies héroïques* ; selon Tzetzès (*Prolégomènes sur Lycophron*), de l'*Épithalame de Thétis et de Pélée*, et comme le dit le scholiaste d'Aratus (v. 255), de la *Grande astronomie ou du Livre des astres*. Strabon (liv. VII, p. 302) cite de lui le *Tour de la Terre* ; Maxime de Tyr (Dissertat. 16), les *Discours divins* ; Athénée (liv. II, p. 49 ; liv. VIII, p. 364, et liv. XI, p.503), les *Noces de Céyx*, les *Grands Travaux* et l'*Égimius*. Aristote et quelques grammairiens mettent sur son compte un ouvrage intitulé *les Pré-*

ceptes. Pline (liv. XV, c. 1 ; liv. XXI, c. 17 et 20 ; liv. XXII, c. 22 ; liv. XXV, c. 2) et Plutarque (*Banquet de Dioclès*) semblent croire qu'il composa des poèmes sur la vertu des plantes et des herbes et sur l'art de la médecine. La simple nomenclature de tous ces ouvrages, qui supposent une si grande variété de savoir, ne démontre-t-elle pas l'impossibilité qu'un seul homme en ait été l'auteur ?

Après tout, l'idée d'attribuer tant de poèmes à Hésiode atteste l'admiration que son génie inspira. Si quelques écrivains l'ont accusé d'impiété, si Pythagore, suivant Diogène de Laërte (liv. VIII, sect. 21), feignait d'avoir vu son ombre enchaînée avec celle d'Homère dans le Tartare à une colonne d'airain, parce que ces deux poètes avaient débité des mensonges sur les dieux ; si Platon (*Répub.*, liv. II) le bannissait de sa république, d'où il chassait aussi le grand Homère, ces philosophes ne condamnaient sans doute que quelques points de ses croyances : ils devaient apprécier son talent reconnu par tant de juges habiles. Denys d'Halicarnasse vante la douceur de son style et l'habileté de sa composition. Velléius Paterculus dit que ce fut un poète d'un esprit élégant et remarquable par la mollesse de ses vers. Quintilien fait l'éloge de la sagesse de ses maximes et de l'harmonie de sa diction ; il lui décerne la palme dans le genre tempéré. Hésiode a obtenu également les suffrages d'Aristote, de Xénophon, d'Isocrate, d'Alcée, de saint Basile, du sophiste Aphthonius et de Cicéron.

La *Théogonie* avait été commentée, suivant Aulu-Gelle (liv. XX, c. 8), par Plutarque ; on dit qu'elle l'avait été aussi par Aristote, par Aristonicus d'Alexandrie, par Démétrius Ixion d'Adramyttium et par Denys de Corinthe. Il ne nous est parvenu que deux commentaires grecs sur ce poème : l'un est attribué à Jean Diaconus ; l'autre est intitulé *Quelques anciennes scholies détachées sur la Théogonie d'Hésiode*. Natalis Comes (*Myth.*, liv. VI, c. 18) semble croire que Didyme en est l'auteur.

Nous avons sur les *Travaux et les Jours* des scholies de Proclus, de Jean Tzetzès et d'Emmanuel Moschopule. Jean Protospatharius a composé pour son fils une *Explication physique des Jours*.

Tzetzès et Jean Diaconus ont laissé, l'un une *Explication*, l'autre une *Paraphrase* sur le *Bouclier d'Hercule*.

Le travail de ces divers scholiastes, à l'exception de Proclus, n'offre guère qu'une compilation faîte sans critique des gloses qu'ils avaient recueillies de tous côtés.

Les principaux commentateurs modernes sont Ange Politien, Scaliger, Vinet, Mélanchton, Jean Frisius, Grœvius, Guiet, Hemsterhusius, Barlæus, Robinson, Leclerc, Ruhnkenius, Heyne, Wolff, Bergier et C.-F. Heinrich. M. Creuzer, dans ses lettres sur Homère et Hésiode, a fait la critique d'une dissertation latine de M. Hermann *sur la plus ancienne mythologie des Grecs*.

Quant aux diverses éditions. d'Hésiode, on nous saura gré sans doute d'extraire ce passage de la notice composée par Amar dans la *Biographie universelle* :

« *Les Travaux et les Jours* furent publiés pour la première fois à Milan, 1493, in-fol., par les soins de Démétrius Chalchondyle avec Isocrate et Théocrite ;

mais comme le poème d'Hésiode ne se trouvait pas dans tous les exemplaires, on regarda longtemps comme édition princeps celle d'Alde Manuce, Venise, 1495, in-fol., qui renferme, avec plusieurs autres petits poèmes gnomiques, la *Théogonie* et le *Bouclier d'Hercule*. Le seizième siècle vit paraître un assez grand nombre d'éditions d'Hésiode, parmi lesquelles il faut distinguer celle de Victor Trincavelli, imprimée à Venise, chez Zanetti, in-4°, 1537. C'est la première qui présente les trois poèmes d'Hésiode réunis et accompagnés des scholies grecques de Proclus, de Jean Tzetzès et de Moschopule ; elle est d'ailleurs très-correcte et d'une belle exécution typographique. Celle de Bâle, 1542, in-8°, est avec la version latine de Valla et les scholies de Tzetzès. Celle de Henri Estienne, Paris, 1566, in-fol., est la première où la critique du texte ait appelé l'attention de l'éditeur ; elle est devenue la base de la plupart des suivantes. Oporinus donna à Bâle, en 1574, in-8°, les *OEuvres d'Hésiode* avec une version latine des scholies de Tzetzès. Celle de Spondanus, grecque et latine, La Rochelle, 1592, petit in-8°, est une édition rare et excellente. Le dix-septième siècle nous offre *l'Hésiode* de Daniel Heinsius, Plantin, 1603, in-4°. Cette édition, que tant de titres recommandent aux savants, est devenue excessivement rare ; mais ce qu'elle renferme de plus précieux se retrouve dans celle d'Amsterdam, 1701, in-8°, qui contient de plus les *Lectiones Hesiodeæ* de Grœvius et *l'Index* de Pasor. Jusqu'ici l'érudition, les recherches savantes et la collation des manuscrits avaient fait beaucoup pour Hésiode ; mais il ne devait rien encore au luxe typographique, lorsque Thomas Robinson publia sa belle édition à Oxford, 1734, grand in-4°. De nouveaux manuscrits furent consultés pour la *Théogonie* et les *Travaux et les Jours*. L'éditeur ajouta ses propres observations aux notes d'Heinsius, de Guiet, de Leclerc ; une dissertation préliminaire sur la vie, les ouvrages et le siècle d'Hésiode, et le *Combat d'Homère et d'Hésiode* avec une nouvelle traduction latine et les notes de Barnès. Cette édition en un mot ne laissait à désirer que les scholies grecques ; aussi gagna-t-elle beaucoup entre les mains de Lœsner, qui la publia de nouveau avec d'importantes additions, Leipsig, 1778, in-8°. Nous avons parlé déjà de celle de Brunck, page 150 de son recueil des poètes gnomiques, Strasbourg, 1784. Le savant et ingénieux éditeur s'est servi, pour établir son texte, d'un manuscrit d'Hésiode de la bibliothèque du roi et d'un autre de Stobée, qui n'avait point encore été consulté. Il eût été à désirer que son travail embrassât les trois poèmes attribués à Hésiode, au lieu de se borner à celui des *Travaux*, qu'il a heureusement corrigé dans plusieurs endroits et purgé de plus de cinquante vers justement réputés suspects. L'année suivante, 1785, Bodoni fit paraître à Parme les ouvrages d'Hésiode avec la traduction en vers latins de Bernardo Zamagra de Raguse, traduction assez élégante, mais en général peu fidèle et qui ne méritait pas un tel honneur typographique. Nous ne devons pas oublier l'édition publiée à Lemgow, 1792, in-8°, avec la traduction allemande de Hartmann et les remarques de Wachler, ni celle de Lanzi, accompagnée d'une traduction italienne *in terza rima*, Florence, 1808, grand in-4°. Elle ne contient que le poème des *Travaux et des Jours* avec un discours préliminaire et de longues notes qui n'offrent rien qu'on ne retrouve ailleurs. Nous souhaitons, en terminant cette nomenclature, que M. Heinrich ne s'arrête pas au spécimen qu'il nous a donné dans son édition du *Bouclier d'Hercule* et que M. Tiersch réalise le projet de son édition d'Hésiode. »

Nous ajouterons à la liste de ces éditions celle de quelques autres non moins importantes :

Hesiodus, Theognis, Gnomæ diversorum poetarum, Carmina Sibyllæ, Pythagoræ aurea Carmina, Gregorii gnomæ, Theocriti opera omnia. Florentiæ, in ædibus Phil. Juntæ, 1515, in-8°.

Hesiodus, Theognidis sententiæ, Sibyllæ Carmina, Musæi opusculum de Herone et Leandro, Orphei Argonautica, Hymni et de Lapidibus, Phocylidis Parœnesis, Florentiæ, per Benedictum, Junctam, 1540, in-8°.

Hesiodi ascræi opera quæ extant : in eadem doctorum virorum annotationes et lectiones variæ è mss. palat. ab Hieronymo Commelino collectæ : 1591, in-8°.

Hesiodi ascræi quæ extant, cum notis ex probatissimis quibusdam auctoribus, brevissimis selectissimisque ; accessit viri clarissimi Lamberti Barlæi, Græcæ linguæ in academiâ Lugduno-Batavâ, professoris eximiis, in ejusdem Theogoniam commentarius. Operâ et studio Cornelii Schrevelii. Lugduno-Batavorum, ex officinâ Francisci Hackii 1658.

Hesiodus cum versione emendatâ ab Erasmo Schmidio et in Erga enarratione Melanchthoniis et 23 tabulis synopticis ejusdem Schmidii. Witebergæ, 1601, in-8°.

Theogonia Hesiodea, textu subindè reficto in usum

prælectionum seorsim, edita à F. a. Wolf. Halæ Saxon, 1783, *in*-8°.

Le texte d'Hésiode le plus correct est celui que Thomas Gaisford a édité en 1814. M. Boissonade l'a suivi dans son *Recueil des poètes grecs* (tome XI, 1824) et nous l'avons également adopté.

Les traductions françaises en prose les plus connues sont la traduction de Bergier, précédée d'un discours sur l'origine des dieux du paganisme et suivie de remarques sur les ouvrages d'Hésiode, 1767 ; celles de Gin 1785 et de Coupé 1796.

Il existe une vieille traduction des *Travaux et des Jours*, publiée sous ce titre : *Les Besongnes et les Jours*, mis en vers français par Jacques Legras, Paris, 1586, in-12. L'abbé Goujet la trouvait préférable à celles de Richard Leblanc, de Lambert Daneau et de J.-A. Baïf.

Ces traductions ne sont en général ni exactes ni complètes, puisqu'elles ne comprennent pas les *Fragments* ; elles ne nous ont offert que peu de ressources. C'est donc au texte grec seulement que nous avons eu recours, n'hésitant point à préférer le langage de la prose à celui de la poésie. Rien n'eût été moins poétique, en effet, que la reproduction en vers soit des nombreuses généalogies, soit des préceptes moraux et religieux que renferme Hésiode. Plusieurs morceaux d'élite, tels que la brillante description des cinq âges du monde, l'ingénieuse création de Pandore, l'énergique et sombre peinture de l'hiver, le magnifique combat de Jupiter avec les Titans, auraient sans doute prêté à la poésie ; mais ces divers passages ne constituent pas le caractère dominant du génie d'Hésiode, la physionomie habituelle de sa versification. Quelquefois comparable à Homère, Hésiode s'en éloigne souvent par la nature du style. Le style d'Homère est lucide, abondant, coloré, parce qu'il date d'une époque où la guerre avait mis en dehors tous les caractères, toutes les passions : celui d'Hésiode, au contraire, est grave, sérieux et précis ; il révèle un siècle de crise sociale où la pensée a besoin de se résumer dans un langage plein et nerveux et de se concentrer en elle-même, comme effrayée du tableau des vices et des dissensions qui tourmentent la Grèce. Hésiode diffère d'Homère sous beaucoup d'autres rapports, car tantôt il passe en revue les généalogies des familles célestes, et alors ses vers, presque entièrement hérissés de noms propres, ont toute la sécheresse d'une froide nomenclature ; tantôt il décrit en termes techniques des instruments et des objets d'arts, ou il trace des maximes dont le fond est revêtu d'une forme complexe. Ajoutez à ces difficultés les entraves que les interpolations, ou les lacunes apportent à la marche et au sens de la phrase. Comme les ouvrages du compilateur d'Ascra sont loin de présenter cet enchaînement de faits, cette liaison d'idées qui, malgré des contradictions partielles, dominent l'ensemble des époques d'Homère, sa poésie est trop souvent elliptique, serrée, obscure. Quoiqu'elle appartienne au dialecte ionien, nous ne lui trouvons pas en général cette douceur si vantée par Denys d'Halicarnasse et par d'autres critiques ; il semble qu'on reconnaisse quelquefois en elle un reste d'archaïsme de l'époque anté-homérique.

Hésiode n'en est pas moins digne d'une étude sérieuse, surtout pour le fond de sa poésie.

L'examen de ses œuvres prouve que sa pensée, malgré de fréquents retours vers un ordre de choses dès longtemps aboli, a été novatrice et progressive. Habile à seconder la marche de l'humanité dans ses initiations graduelles de siècle en siècle, elle a contribué puissamment à améliorer la morale en proclamant la supériorité du travail et de l'économie sur la paresse et sur la prodigalité, la religion en lui faisant faire un pas de plus vers ce dernier degré de perfection qu'elle ne devait atteindre que dans Pindare et dans Sophocle, la politique en poussant les esprits vers ces idées républicaines qui développèrent en Grèce le germe de tant de gloire et de liberté. Tel était l'auguste privilège des muses antiques : intimement liées au culte et aux mœurs populaires, chaque corde de leur lyre répétait, comme un fidèle écho, les divers sentiments qui vibraient dans le cœur de la nation ; leur voix inspiratrice immortalisait les grands événements guerriers ou politiques, les saintes et vieilles croyances, les utiles maximes d'équité, de sagesse et de vertu. Le chantre alors exerçait l'autorité du législateur ; un vers d'Homère, un précepte d'Hésiode, étaient révérés comme une loi de Lycurgue ou de Solon. Ce pieux respect, qui semble placer dans le ciel même le berceau de la poésie, n'appartient qu'à la jeunesse des peuples. Plus ces peuples vieillissent et plus le domaine du positif usurpe celui de l'idéal et du merveilleux. La poésie devient, non plus la base nécessaire, mais une simple décoration de l'édifice social : objet de vaine distraction pour quelques individus, elle ne pénètre plus, victorieuse, dans l'esprit des masses. Lorsque tant de puissants intérêts absorbent l'attention générale des états modernes, l'art restera peut-être longtemps encore sans construire un de ces monuments dont le large frontispice appelle tout d'abord les regards des contemporains et dont les fondements solides résistent au cours dévorant des siècles. Mais si son avenir peut sembler incertain, étudions son passé avec une nouvelle ardeur ; la Grèce est le pays où il eut le plus de spontanéité, le plus de vérité, le plus d'indépendance. C'est donc vers cette terre privilégiée que notre pensée reconnaissante doit surtout se reporter comme vers la source primitive d'où jaillirent ces flots de poésie, d'éloquence, de philosophie et d'histoire qui, après avoir traversé les siècles d'Homère et de Périclès, fécondèrent le sol de l'Italie sous Auguste et sous Léon X et firent éclore dans notre France les palmes éternellement florissantes du talent et du génie.

1
LA THÉOGONIE

Commençons par invoquer les Muses de l'Hélicon, les Muses qui, habitant cette grande et céleste montagne, dansent d'un pas léger autour de la noire fontaine et de l'autel du puissant fils de Saturne, et baignant leurs membres délicats dans les ondes du Permesse, de l'Hippocrène et du divin Olmius, forment sur la plus haute cime de l'Hélicon des chœurs admirables et gracieux. Lorsque le sol a frémi sous leurs pieds bondissants, dans leur pieuse ardeur, enveloppées d'un épais nuage, elles se promènent durant la nuit et font entendre leur belle voix en célébrant Jupiter armé de l'égide, l'auguste Junon d'Argos, qui marche avec des brodequins d'or, la fille de Jupiter, Minerve aux yeux bleus, Phébus-Apollon, Diane chasseresse, Neptune, qui entoure et ébranle la terre, la vénérable Thémis, Vénus à la paupière noire, Hébé à la couronne d'or, la belle Dioné, l'Aurore, le grand Soleil, la Lune splendide, Latone, Japet, l'astucieux Saturne, la Terre, le vaste Océan et la Nuit ténébreuse, enfin la race sacrée de tous les autres dieux immortels. Jadis elles enseignèrent à Hésiode d'harmonieux accords, tandis qu'il faisait paître ses agneaux aux pieds du céleste Hélicon. Ces Muses de l'Olympe, ces filles de Jupiter, maître de l'égide, m'adressèrent ce langage pour la première fois : « Vils pasteurs, opprobre des campagnes, vous qui ne vivez que pour l'intempérance, nous savons inventer beaucoup de mensonges semblables à la vérité ; mais nous savons aussi dire ce qui est vrai, quand tel est notre désir. »

Ainsi parlèrent les éloquentes filles du grand Jupiter, et elles me remirent pour sceptre un rameau de vert laurier superbe à cueillir ; puis, m'inspirant un divin langage pour me faire chanter le passé et l'avenir, elles m'ordonnèrent de célébrer l'origine des bienheureux immortels et de les choisir toujours elles-mêmes pour objet de mes premiers et de mes derniers chants. Mais pourquoi m'arrêter ainsi autour du chêne ou du rocher ?

Célébrons d'abord les Muses qui, dans l'Olympe, charment la grande âme de Jupiter et marient leurs accords en chantant les choses passées, présentes et futures. Leur voix infatigable coule de leur bouche en doux accents, et cette harmonie enchanteresse, au loin répandue, fait sourire le palais de leur père qui lance la foudre. On entend résonner la cime de l'Olympe neigeux, demeure des immortels. D'abord, épanchant leur voix divine, elles rappellent l'auguste origine des dieux engendrés par la Terre et par le vaste Uranus, et chantent leurs célestes enfants, auteurs de tous les biens. Ensuite, célébrant Jupiter, ce père des dieux et des hommes, elles commencent et finissent par lui tous leurs hymnes et redisent combien il l'emporte sur les autres divinités par sa force et par sa puissance. Enfin, quand elles louent la race des mortels et des géants vigoureux, elles réjouissent dans le ciel l'âme de Jupiter, ces Muses de l'Olympe, filles du dieu qui porte l'égide. Dans la Piérie, Mnémosyne, qui régnait sur les collines d'Éleuthère, unie au fils de Saturne, mit au jour ces vierges qui procurent l'oubli des maux et la fin des douleurs. Durant neuf nuits, le prudent Jupiter, montant sur son lit sacré, coucha près de Mnémosyne, loin de tous les immortels. Après une année, les saisons et les mois ayant accompli leur cours et des jours nombreux étant révolus, Mnémosyne enfanta neuf filles animées du même esprit, sensibles au charme de la musique et portant dans leur poitrine un cœur exempt d'inquiétude ; elle les enfanta près du sommet élevé de ce neigeux Olympe où elles forment des chœurs brillants et possèdent des demeures magnifiques ; à leurs côtés se tiennent les Grâces et le Désir dans les festins, où leur bouche, épanchant une aimable harmonie, chante les lois de l'univers et les fonctions respectables des dieux. Fières de leurs belles voix et de leurs divins concerts, elles montèrent dans l'Olympe : la terre noire retentissait de leurs accords, et sous leurs pieds s'élevait un bruit ravissant tandis qu'elles marchaient vers l'auteur de leurs jours, ce roi du ciel, ce maître du tonnerre et de la brûlante foudre, qui, puissant vainqueur de son père Saturne, distribua équitablement à tous les dieux les emplois et les honneurs.

Voilà ce que chantaient les Muses habitantes de l'Olympe, les neuf filles du grand Jupiter, Clio, Euterpe, Thalie, Melpomène, Terpsichore, Érato, Polymnie, Uranie et Calliope, la plus puissante de toutes, car elle sert de compagne aux rois vénérables. Lorsque les filles du grand Jupiter veulent honorer un de ces rois, nourrissons des cieux, dès qu'elles l'ont vu naître, elles versent sur sa langue une molle rosée, et les paroles découlent de sa bouche douces comme le miel. Tous les peuples le voient dispenser la justice avec droiture lorsqu'il apaise tout à coup un violent débat par la sagesse et l'habileté de son langage, car les rois sont doués de prudence afin que, sur la place publique, en proférant de pacifiques discours, ils fassent aisément restituer à leurs peuples tous les biens dont ils ont été insolemment dépouillés. Tandis que ce prince marche dans la ville, les citoyens, remplis d'un tendre respect, l'invoquent comme un dieu et il brille au milieu de la foule assemblée. Tel est le divin privilège que les Muses accordent aux mortels.

Les Muses et Apollon, qui lance au loin ses traits, font naître sur la terre les chantres et les musiciens ; mais les rois viennent de Jupiter. Heureux celui que les Muses chérissent ! un doux langage découle de ses lèvres. Si un mortel, l'âme déchirée par un récent malheur, s'afflige et se lamente, qu'un chantre, disciple des Muses, célèbre la gloire des premiers hommes et des bienheureux immortels habitants de l'Olympe, aussitôt l'infortuné oublie ses chagrins ; il ne se souvient plus du sujet de ses maux et les présents des vierges divines l'ont bientôt distrait de sa douleur.

Salut, filles de Jupiter, donnez-moi votre voix ravissante. Chantez la race sacrée des immortels nés de la Terre et d'Uranus couronné d'étoiles, conçus par la Nuit ténébreuse ou nourris par l'amer Pontus. Dites comment naquirent les dieux, et la terre, et les fleuves, et l'immense Pontus aux flots bouillonnants, et les astres étincelants, et le vaste ciel qui les domine ; apprenez-moi quelles divinités, auteurs de tous les biens, leur durent l'existence ; comment cette céleste race, se partageant les richesses, se distribuant les honneurs, s'établit pour la première fois dans l'Olympe aux nombreux sommets. Muses habitantes de l'Olympe, révélez-moi l'origine du monde et remontez jusqu'au premier de tous les êtres.

Au commencement exista le Chaos, puis la Terre à la large poitrine, demeure toujours sûre de tous les immortels qui habitent le faîte de l'Olympe neigeux ; ensuite le sombre Tartare, placé sous les abîmes de la terre immense ; enfin l'Amour, le plus beau des dieux, l'Amour, qui amollit les âmes, et, s'emparant du cœur de toutes les divinités et de tous les hommes, triomphe de leur sage volonté. Du Chaos sortirent l'Erèbe et la Nuit obscure. L'Ether et le Jour naquirent de la Nuit, qui les conçut en s'unissant d'amour avec l'Erèbe. La Terre enfanta d'abord Uranus couronné d'étoiles et le rendit son égal en grandeur afin qu'il la couvrît tout entière et qu'elle offrît aux bienheureux immortels une demeure toujours tranquille ; elle créa les hautes montagnes, les gracieuses retraites des nymphes divines qui habitent les monts aux gorges profondes. Bientôt, sans goûter les charmes du plaisir, elle engendra Pontus, la stérile mer aux flots bouillonnants ; puis, s'unissant avec Uranus, elle fit naître l'Océan aux gouffres immenses, Céus, Créus, Hypérion, Japet, Théa, Thémis, Rhéa, Mnémosyne, Phébé à la couronne d'or et l'aimable Téthys. Le dernier et le plus terrible de ses enfants, l'astucieux Saturne, devint l'ennemi du florissant auteur de ses jours. La Terre enfanta aussi les Cyclopes au cœur superbe, Brontès, Stéropès et l'intrépide Argès, qui remirent son tonnerre à Jupiter et lui forgèrent sa foudre : tous les trois ressemblaient aux autres dieux, seulement ils n'avaient qu'un œil au milieu du front et reçurent le surnom de Cyclopes, parce que cet œil présentait une forme circulaire. Dans tous les travaux éclataient leur force et leur puissance.

La Terre et Uranus eurent encore trois fils grands et vigoureux, funestes à nommer, Cottus, Briarée et Gygès, race orgueilleuse et terrible ! Cent bras invincibles s'élançaient de leurs épaules et cinquante têtes attachées à leurs dos s'allongeaient au-dessus de leurs membres robustes. Leur force était immense ; infatigable, proportionnée à leur haute stature. Ces enfants, les plus redoutables de tous ceux qu'engendrèrent la Terre et Uranus, devinrent dès le commencement odieux à leur père. A mesure qu'ils naissaient, loin de leur laisser la lumière du jour, Uranus les cachait dans les flancs de la terre et se réjouissait de cette action dénaturée. La Terre immense gémissait, profondément attristée, lorsque enfin elle médita une cruelle et perfide vengeance. Dès qu'elle eut tiré de son sein l'acier éclatant de blancheur, elle fabriqua une grande faulx, révéla son projet à ses enfants et, pour les encourager, leur dit, consumée de douleur :

« Mes fils ! si vous voulez m'obéir, nous vengerons l'outrage que vous fait subir votre coupable père : car il est le premier auteur d'une action indigne. »

Elle dit. La crainte s'empara de tous ses enfants ; aucun n'osa répliquer. Enfin le grand et astucieux Saturne, ayant pris confiance, répondit à sa vénérable mère :

« O ma mère ! je promets d'accomplir notre vengeance, puisque je ne respecte plus un père trop fatal : car il est le premier auteur d'une action indigne. »

À ces mots, la Terre immense ressentit une grande joie au fond de son cœur. Après avoir caché Saturne dans une embuscade, elle remit en ses mains la faulx à la dent tranchante et lui expliqua sa ruse tout entière. Le grand Uranus arriva, amenant la Nuit, et animé du désir amoureux, il s'étendit sur la Terre de toute sa longueur. Alors son fils, sorti de l'embuscade, le saisit de la main gauche, et de la droite, agitant la faulx énorme, longue, acérée, il s'empressa de couper l'organe viril de son père et le rejeta derrière lui. Ce ne fut pas vainement que cet organe tomba de sa main : toutes les gouttes de sang qui en découlèrent, la Terre les recueillit, et les années étant révolues, elle produisit les redoutables Furies, les Géants monstrueux, chargés d'armes étincelantes et portant dans leurs mains d'énormes lances, enfin ces nymphes qu'on appelle Mélies sur la terre immense.

Saturne mutila de nouveau avec l'acier le membre qu'il avait coupé déjà et le lança du rivage dans les vagues agitées de Pontus : la mer le soutint longtemps, et de ce débris d'un corps immortel jaillit une blanche écume d'où naquit une jeune fille qui fut d'abord portée vers la divine Cythère et de là parvint jusqu'à Cypre entourée de flots. Bientôt, déesse ravissante de beauté, elle s'élança sur la rive, et le gazon fleurit sous ses pieds délicats. Les dieux et les hommes appellent cette divinité à la belle couronne Aphrodite, parce qu'elle fut nourrie de l'écume des mers ; Cythérée, parce qu'elle aborda Cythère ; Cyprigénie, parce qu'elle naquit dans Cypre entourée de flots, et Philommédée, parce que c'est d'un organe générateur qu'elle reçut la vie. Accompagnée de l'Amour et du beau Désir, le même jour de sa naissance, elle se rendit à la céleste assemblée. Dès l'origine, jouissant des honneurs divins, elle obtint du sort l'emploi de présider, parmi les hommes et les dieux immortels, aux entretiens des jeunes vierges, aux tendres sourires, aux innocents artifices, aux doux plaisirs, aux caresses de l'amour et de la volupté.

Le grand Uranus, irrité contre les enfants qu'il avait engendrés lui-même, les surnomma les Titans, disant qu'ils avaient étendu la main pour commettre un énorme attentat dont un jour ils devaient recevoir le châtiment. La Nuit enfanta l'odieux Destin, la noire Parque et la Mort ; elle fit naître le Sommeil avec la troupe des Songes, et cependant cette ténébreuse déesse ne s'était unie à aucun autre dieu. Ensuite elle engendra Momus, le Chagrin douloureux, les Hespérides, qui par delà l'illustre Océan, gardent les pommes d'or et les arbres chargés de ces beaux fruits, les Destinées, les Parques impitoyables, Clotho, Lachésis et Atropos qui dispensent le bien et le mal aux mortels naissants, poursuivent les crimes des hommes et des dieux et ne déposent leur terrible colère qu'après avoir exercé sur le coupable une cruelle vengeance. La Nuit funeste conçut encore Némésis, ce fléau des mortels, puis la Fraude, l'Amour criminel, la triste Vieillesse, Éris au cœur opiniâtre. L'odieuse Éris fit naître à son tour le Travail importun, l'Oubli, la Faim, les Douleurs qui font pleurer, les Disputes, les Meurtres, les Guerres, le Carnage, les Querelles, les Discours mensongers, les Contestations, le Mépris des lois et Até, ce couple inséparable, enfin Horcus, si fatal aux habitants de la terre quand l'un d'eux se parjure volontairement.

Pontus engendra Nérée qui fuit le mensonge et chérit la vérité, Nérée, le plus âgé de tous ses fils : on l'appelle le vieillard à cause de sa sincérité et de sa douceur, et parce que, loin d'oublier les lois de la justice, il porte des arrêts équitables et modérés. Ce même dieu, uni avec la Terre, eut pour enfants le grand Thaumas, l'intrépide Phorcys, Céto aux belles joues et Eurybie qui renferme un cœur d'acier dans sa forte poitrine.

Nérée et Doris aux beaux cheveux, cette fille du superbe fleuve Océan, engendrèrent dans la mer stérile les aimables nymphes Proto, Eucrate, Sao, Amphitrite, Eudore, Thétis, Galéné, Glaucé, Cymothoë, Spéio, Thoë, l'agréable Thalie, la gracieuse Mélite, Eulimène, Agavé, Pasythée, Erato, Eunice aux bras de rose, Doto, Ploto, Phéruse, Dynamène, Nésée, Actée, Protomédie, Doris, Panope, la belle Galatée, l'aimable Hippothoë, Hipponoë aux bras de rose, Cymodocé qui sur la sombre mer, avec Cymatolége et Amphitrite aux pieds charmants, calme sans efforts la fureur des vagues et le souffle des vents impétueux, Cyrno, Eïoné, Halimède à la belle couronne, Glauconome au doux sourire, Pontoporie, Liagore, Evagore, Laomédie, Polynome, Autonoë, Lysianasse, Evarné douée d'un aimable caractère et d'une beauté accomplie, Psamathe au corps gracieux, la divine Ménippe, Néso, Eupompe, Thémisto, Pronoë et Némertès en qui respire l'âme de son père immortel. Ainsi l'irréprochable Nérée eut cinquante filles savantes dans tous les travaux.

Thaumas épousa Électre, née du profond Océan ; Électre enfanta la rapide Iris, les Harpies à la belle chevelure, Aéllo et Ocypétès qui de leurs ailes légères égalent la vitesse des vents et des oiseaux en volant sous la céleste voûte.

Céto aux belles joues donna à Phorcys des filles blanches dès le berceau et appelées les Grées par les dieux immortels et par les hommes qui marchent sur la terre, Péphrédo au beau voile, Enyo au voile de pourpre, et les Gorgones qui habitent par delà l'illustre Océan, vers l'empire de la Nuit, dans ces lointaines contrées, où demeurent les Hespérides à la voix sonore, les Gorgones Sthéno, Euryale et Méduse éprouvée par de cruelles souffrances. Méduse était mortelle, tandis que ses autres sœurs vivaient exemptes de vieillesse et de mort ; Neptune aux noirs cheveux s'unit avec elle dans une molle prairie, sur une couche de fleurs printanières. Lorsque Persée lui eut tranché la tête, on vit naître d'elle le grand Chrysaor et le cheval Pégase. Pégase mérita son nom parce qu'il était né près des sources de l'Océan, Chrysaor parce qu'il tenait un glaive d'or dans ses mains. Persée, quittant une terre fertile en beaux fruits, s'envola vers le séjour des immortels, et il habite le palais de Jupiter, de ce dieu prudent dont il porte le tonnerre et la foudre.

Chrysaor, uni à Callirhoë, fille de l'illustre Océan, engendra Géryon aux trois têtes ; le puissant Hercule, désarmant Géryon, lui enleva ses bœufs aux pieds flexibles dans Erythie entourée de flots, le jour où il conduisit ces animaux au large front jusque dans la divine Tirynthe, après avoir traversé la mer et immolé Orthros avec le pasteur Eurytion, dans une étable obscure, par delà l'illustre Océan.

Callirhoë, au fond d'une caverne, produisit un autre enfant monstrueux, invincible et nullement semblable aux hommes ou aux dieux, la divine Echidna au cœur intrépide, moitié nymphe aux yeux noirs et aux belles joues, moitié serpent énorme et terrible, marqué de taches diverses et nourri de chairs sanglantes dans les entrailles de la terre sacrée. Ce monstre habite un antre profond dans le creux d'un rocher, loin des hommes et des immortels : c'est là que les dieux lui assignèrent une glorieuse demeure. Renfermée dans Arime, la fatale Echidna vivait sous la terre, toujours affranchie de la vieillesse et du trépas. Typhaon, ce vent fougueux et redoutable, s'unit, dit-on, avec cette nymphe aux yeux noirs, qui, devenue enceinte, enfanta une race courageuse, d'abord Orthros, ce chien de Géryon, ensuite l'indomptable Cerbère, qu'on ne nomme qu'avec effroi, ce gardien de Pluton, ce dévorant

Cerbère à la voix d'airain, aux cinquante têtes, ce monstre impudent et terrible, enfin la fatale hydre de Lerne, que nourrit Junon aux bras d'albâtre, pour assouvir son implacable haine contre Hercule ; mais ce fils de Jupiter, armé du glaive destructeur et secondé du vaillant Iolaüs, immola cette hydre, d'après les conseils de la belliqueuse Minerve. Echidna fit naître aussi la Chimère qui, exhalant des feux inextinguibles, monstre terrible, énorme, rapide, infatigable, portait trois têtes, la première d'un lion farouche, la seconde d'une chèvre, la troisième d'un dragon vigoureux ; lion par le haut de son corps, dragon par derrière, chèvre par le milieu, elle vomissait avec un bruit affreux les tourbillons d'une dévorante flamme. La Chimère succomba sous Pégase et sous le brave Bellérophon. Echidna, s'accouplant avec Orthros, engendra le Sphinx, si fatal aux enfants de Cadmus, et le lion de Némée, que Junon, auguste épouse de Jupiter, nourrit et plaça sur les hauteurs de Némée pour la perte des humains. Ce lion, qui régnait sur le Trétos, sur Némée et sur l'Apésas, ravageait les tribus des hommes ; mais il périt, dompté par le puissant Hercule.

Céto, unie d'amour avec Phorcys, eut pour dernier enfant un serpent terrible qui, dans les flancs ténébreux de la terre, garde les pommes d'or aux extrémités du monde. Telle est la race de Céto et de Phorcys.

Téthys donna à l'Océan des Fleuves au cours sinueux, le Nil, l'Alphée, l'Éridan aux gouffres profonds, le Strymon, le Méandre, l'Ister aux belles eaux, le Phase, le Rhésus, l'Achéloüs aux flots argentés, le Nessus, le Rhodius, l'Haliacmon, l'Heptapore, le Granique, l'Ésépus, le divin Simoïs, le Pénée, l'Hermus, le Caïque aux ondes gracieuses, le large Sangarius, le Ladon, le Parthénius, l'Événus, l'Ardesque et le divin Scamandre. Téthys enfanta aussi la troupe sacrée de ces nymphes qui, avec le roi Apollon et les Fleuves, élèvent sur la terre l'enfance des héros ; c'est Jupiter lui-même qui les chargea de cet emploi : Pitho, Admète, Ianthé, Électre, Doris, Prymno, Uranie semblable aux dieux, Hippo, Clymène, Rhodie, Callirhoë, Zeuxo, Clytie, Idye, Pasithoë, Plexaure, Galaxaure, l'aimable Dioné, Mélobosis, Thoë, la belle Polydore, Cercéis au doux caractère, Pluto aux grands yeux, Perséis, Ianire, Acaste, Zanthé, la gracieuse Pétréa, Ménestho, Europe, Métis, Eurynome, Télestho au voile de pourpre, Crisia, Asia, l'agréable Calypso, Eudore, Tyché, Amphiro, Ocyroë et Styx qui les surpasse toutes, telles sont les filles les plus antiques de l'Océan et de Téthys ; il en existe beaucoup d'autres encore, car trois mille Océanides aux pieds charmants, dispersées de toutes parts, habitent la terre et la profondeur des lacs, race illustre et divine ! Autant de Fleuves, nés de l'Océan et de la vénérable Téthys, roulent au loin leurs bruyantes ondes : il serait difficile à un mortel de rappeler tous leurs noms ; les peuples qui habitent leurs rivages peuvent seuls les connaître.

Thia, domptée par les caresses d'Hypérion, fit naître le grand Soleil, la Lune splendide et l'Aurore qui brille pour tous les hommes et pour tous les dieux habitants du vaste ciel. Eurybie, déité puissante, unie avec Créius, mit au jour le grand Astrée, Pallas et Persès qui l'emporta sur tous par son habileté. L'Aurore, déesse fécondée par un dieu, conçut Astrée, les Vents impétueux, l'agile Zéphyre, le rapide Borée et Notus. Après, cette divinité matinale enfanta Lucifer et les astres étincelants dont le ciel se couronne.

Styx fille de l'Océan, unie à Pallas, fit naître dans ses palais l'Émulation, la Victoire aux pieds charmants, la Force et la Violence, ces glorieux enfants, qui n'ont pas établi loin de Jupiter leur demeure et leur séjour, qui ne marchent pas dans une seule route où ce dieu ne les conduise et qui restent incessamment auprès du terrible maître du tonnerre. Telle est la faveur que leur obtint cette incorruptible fille de l'Océan le jour où Jupiter Olympien, dieu de la foudre, appela tous les immortels dans le vaste Olympe ; il leur annonça que, reconnaissant envers tous ceux qui l'aideraient à combattre les Titans, loin de les dépouiller de leurs privilèges, il leur laisserait le rang que jusqu'alors ils avaient gardé parmi les dieux ; et même il ajouta que si l'un d'eux n'avait été ni honoré ni récompensé par Saturne, il obtiendrait les honneurs et les récompenses que son zèle lui mériterait. L'irréprochable Styx, docile aux conseils de son père, arriva la première avec ses enfants. Jupiter l'honora et la combla de dons précieux ; il voulut qu'elle présidât au grand serment des dieux et que ses enfants vécussent toujours dans son palais. Quant aux promesses faites à toutes les autres divinités, il les remplit fidèlement ; car il est tout-puissant et règne sur l'univers.

Phébé monta sur la couche désirée de Céus ; déesse fécondée par les embrassements d'un dieu, elle enfanta la douce Latone au voile bleu, Latone qui, toujours agréable aux immortels et aux humains, apporta dès sa naissance l'allégresse dans l'Olympe. Elle engendra encore la célèbre Astérie que Persès autrefois amena dans son vaste palais pour la nommer son épouse. Devenue enceinte, Astérie donna l'existence à Hécate, que Jupiter, fils de Saturne, honora entre toutes les déesses : il lui accorda de glorieux privilèges et lui permit de commander sur la terre et sur la mer stérile. Déjà, sous Uranus couronné d'étoiles, elle avait obtenu cet emploi et jouissait des plus grands honneurs parmi les dieux immortels. Aujourd'hui, lorsqu'un des hommes, enfants de la terre, célèbre, selon l'usage, des sacrifices expiatoires, c'est Hécate qu'il invoque, et soudain la céleste faveur environne le suppliant dont la bienveillante déesse accueille les prières ; elle lui prodigue la richesse, car elle en a le pouvoir. Tous les privilèges partagés entre les nombreux enfants de la Terre et d'Uranus, elle seule les réunit. Le fils de Saturne ne lui a ni dérobé ni arraché aucune des prérogatives qui lui échurent sous les Titans, ces premiers dieux ; elle conserve tout entière la part d'autorité qu'elle obtint dans l'origine. Fille unique, elle n'est ni moins respectée ni moins puissante sur la terre, dans le ciel et sur la mer ; son pouvoir est encore plus vaste, parce que Jupiter l'honore. Quand elle veut favoriser un mortel, elle l'assiste avec empressement, et, selon sa volonté, elle le fait briller dans l'assemblée des peuples. Lorsque les hommes s'arment pour le combat meurtrier, c'est elle qui, à son gré, se hâte de lui accorder la victoire et de prodiguer la gloire au vainqueur. Aux jours où l'on rend la justice, elle s'assied auprès des rois vénérables. Si elle voit des rivaux lutter dans l'arène, toujours propice, elle vient les encourager et les secourir ; l'athlète vainqueur par sa force et par sa constance mérite promptement un prix magnifique, et transporté d'allégresse, couvre de gloire sa famille. Quand elle le veut, elle protège les écuyers qui montent sur les chars ; également favorable aux navigateurs qui affrontent le trajet difficile de la mer azurée, elle exauce les vœux qu'ils adressent à Hécate et au bruyant Neptune : cette illustre déesse leur procure aisément une abondante proie ou ne la leur montre que pour les en dépouiller si tel est son désir. Occupée avec Mercure à multiplier dans les étables les bœufs, les agneaux, les nombreux essaims de chèvres et de brebis à la toison épaisse, elle peut, comme il lui plaît, accroître ou diminuer les troupeaux. Rejeton unique de sa mère, elle vit comblée d'honneurs parmi tous les immortels. Le fils de Saturne la chargea encore d'élever et de nourrir les humains qui, après elle, devaient voir la lumière de l'aurore au loin étincelante. Ainsi dès le principe, elle devint la nourrice des enfants : tels sont ses nobles emplois.

Rhéa, amoureusement domptée par Saturne, mit au jour d'illustres enfants, Vesta , Cérès, Junon aux brodequins d'or, le redoutable Pluton qui habite sous la terre et porte un cœur inflexible, le bruyant Neptune et le prudent Jupiter, ce père des dieux et des hommes, dont le tonnerre ébranle la terre immense. Le grand Saturne dévorait ses enfants à mesure que des flancs sacrés de leur mère ils tombaient sur ses genoux ; il agissait ainsi dans la crainte qu'un autre des glorieux enfants du ciel ne possédât parmi les dieux l'autorité souveraine : car il avait appris de la Terre et d'Uranus couronné d'étoiles que, d'après l'ordre du Destin, un jour, malgré sa force, il serait vaincu par son propre fils et détrôné par les conseils du grand Jupiter. Loin de surveiller vainement son épouse, toujours habile à le tromper, il dévorait sa propre race, et Rhéa gémissait, accablée d'une douleur sans bornes. Enfin, prête à enfanter Jupiter, ce père des dieux et des hommes, elle supplia les deux auteurs de ses jours, la Terre et Uranus couronné d'étoiles, de lui suggérer le moyen de cacher la naissance de son nouveau fils et de venger la mort de tous ses enfants dévorés par l'astucieux Saturne. Prompts à exaucer les désirs de leur fille, ils lui apprirent le destin réservé au roi Saturne et à son fils magnanime ; ils l'envoyèrent à Lyctos, ville opulente de la Crète, au moment où elle allait mettre au jour le plus jeune de ses enfants, le grand Jupiter. C'est dans la vaste Crète que la Terre immense le reçut et se chargea du soin de le nourrir et de l'élever. Marchant à travers les ombres de la nuit rapide, elle le porta d'abord à Lyctos, puis, le prenant dans ses mains, elle le cacha sous une haute caverne, dans les entrailles de la terre divine, sur le mont Égée, au fond d'une épaisse forêt. Après avoir enveloppé de langes une pierre énorme, Rhéa la donna au fils d'Uranus, au puissant Saturne, ce premier roi des dieux. Saturne la saisit et l'engloutit dans ses flancs. L'insensé ! il ne prévoyait pas qu'en dévorant cette pierre, il sauvait son invincible fils qui, désormais à l'abri du péril, devait bientôt le dompter par la force de ses mains, le dépouiller de sa puissance et commander aux immortels. Cependant la vigueur et les membres superbes du jeune roi croissaient avec promptitude ; les années étant révolues, trompé par les perfides conseils de la Terre, l'astucieux Saturne rendit au jour toute sa race et succomba vaincu par la force et par l'adresse de son fils. D'abord il vomit la pierre qu'il avait dévorée la dernière et que Jupiter attacha dans la terre spacieuse, sur la divine Pytho, au milieu des gorges profondes du Parnasse, afin qu'elle devînt dans l'avenir un monument et une merveille pour les hommes. Jupiter affranchit de leurs liens douloureux tous ses oncles, enfants d'Uranus, que son père avait enchaînés dans sa démence. Ces dieux, reconnaissants d'un pareil bienfait, lui remirent ce tonnerre, ces éclairs, cette brûlante foudre que la Terre aux larges flancs avait jusqu'alors recélés. Fier de ces armes divines, Jupiter règne sur les hommes et sur les immortels.

Japet épousa Clymène, cette jeune Océanide aux pieds charmans ; tous deux montèrent sur la même couche, et Clymène enfanta le magnanime Atlas, l'orgueilleux Ménétius, l'adroit et astucieux Prométhée et l'imprudent Epiméthée, qui dès le principe causa tant de mal aux industrieux habitants de la terre, car c'est lui qui le premier accepta pour épouse une vierge formée par l'ordre de Jupiter. Jupiter à la large vue, furieux contre l'insolent Ménétius, le plongea dans l'Erèbe, après l'avoir frappé de son brûlant tonnerre, pour châtier sa méchanceté et son audace sans mesure. Vaincu par la dure nécessité, Atlas, aux bornes de la terre, debout devant les Hespérides à la voix sonore, soutient le vaste ciel de sa tête et de ses mains infatigables. Tel est l'emploi que lui imposa le prudent Jupiter. Quant au rusé Prométhée, il l'attacha par des nœuds indissolubles autour d'une colonne ; puis il envoya contre lui un aigle aux ailes étendues qui rongeait son foie immortel ; il en renaissait autant durant la nuit que l'oiseau aux larges ailes en avait dévoré pendant le jour. Mais le courageux rejeton d'Alcmène aux pieds charmants, Hercule tua cet aigle, repoussa un si cruel fléau loin du fils de Japet et le délivra de ses tourments : le puissant monarque du haut Olympe, Jupiter, y avait consenti, afin que la gloire de l'Hercule thébain se répandît plus que jamais sur la terre fertile. Dans cette idée, il honora son illustre enfant et abjura son ancienne colère contre Prométhée, qui avait lutté de ruse avec le puissant fils de Saturne. En effet, lorsque les dieux et les hommes se disputaient dans Mécone, Prométhée, pour tromper la sagesse de Jupiter, exposa à tous les yeux un bœuf énorme qu'il avait divisé à dessein. D'un côté, il renferma dans la peau les chairs, les intestins et les morceaux les plus gras, en les enveloppant du ventre de la victime ; de l'autre, il disposa avec une perfide adresse les os blancs qu'il recouvrit de graisse luisante. Le père des dieux et des hommes lui dit alors : « Fils de Japet, ô le plus illustre de tous les rois, ami ! avec quelle inégalité tu as divisé les parts ! »

Quand Jupiter, doué d'une sagesse impérissable, lui eut adressé ce reproche, l'astucieux Prométhée répondit en souriant au fond de lui-même (car il n'avait pas oublié sa ruse ingénieuse) : « Glorieux Jupiter ! ô le plus grand des dieux immortels, choisis entre ces deux portions celle que ton cœur préfère. »

A ce discours trompeur, Jupiter, doué d'une sagesse impérissable, ne méconnut point l'artifice ; il le devina et dans son esprit forma contre les humains de sinistres projets qui devaient s'accomplir. Bientôt de ses deux mains il écarta la graisse éclatante de blancheur ; il devint furieux, et la colère s'empara de son âme tout entière quand, trompé par un art perfide, il aperçut les os blancs de l'animal. Depuis ce temps, la terre voit les tribus des hommes brûler en l'honneur des dieux les blancs ossements des victimes sur les autels parfumés. Jupiter qui rassemble les nuages, s'écria enflammé d'une violente colère : « Fils de Japet, ô toi que nul n'égale en adresse, ami ! tu n'as pas oublié tes habiles artifices. » Ainsi, dans son courroux, parla Jupiter, doué d'une sagesse impérissable. Dès ce moment, se rappelant sans cesse la ruse de Prométhée, il n'accorda plus le feu inextinguible aux hommes infortunés qui vivent sur la terre. Mais le noble fils de Japet, habile à le tromper, déroba un étincelant rayon de ce feu et le cacha dans la tige d'une férule. Jupiter qui tonne dans les cieux, blessé jusqu'au fond de l'âme, conçut une nouvelle colère lorsqu'il vit parmi les hommes la lueur prolongée de la flamme, et voilà pourquoi il leur suscita soudain une grande infortune. D'après la volonté du fils de Saturne, le boiteux Vulcain, ce dieu illustre, forma avec de la terre une image semblable à une chaste vierge. Minerve aux yeux bleus s'empressa de la parer et de la vêtir d'une blanche tunique. Elle posa sur le sommet de sa tête un voile ingénieusement façonné et admirable à voir ; puis elle orna son front de gracieuses guirlandes tressées de fleurs nouvellement écloses et d'une couronne d'or que le boiteux Vulcain, ce dieu illustre, avait fabriquée de ses propres mains par complaisance pour le puissant Jupiter. Sur cette couronne, ô prodige ! Vulcain avait ciselé les nombreux animaux que le continent et la mer nourrissent dans leur sein ; partout brillait une grâce merveilleuse, et ces diverses figures paraissaient vivantes. Quand il eut formé, au lieu d'un utile ouvrage, ce chef-d'œuvre funeste, il amena dans l'assemblée des dieux et des hommes cette vierge orgueilleuse des ornements que lui avait donnés la déesse aux yeux bleus, fille d'un père puissant. Une égale admiration transporta les dieux et les hommes dès qu'ils aperçurent cette fatale merveille si terrible aux humains ; car de cette vierge est venue la race des femmes au sein fécond, de ces femmes dangereuses, fléau cruel vivant parmi les hommes et s'attachant non pas à la triste pauvreté, mais au luxe éblouissant. Lorsque, dans leurs ruches couronnées de toits, les abeilles nourrissent les frelons, qui ne participent qu'au mal, depuis le lever du jour jusqu'au soleil couchant, ces actives ouvrières composent leurs blanches cellules, tandis que renfermés au fond de leur demeure, les lâches frelons dévorent le fruit d'un travail étranger : ainsi Jupiter, ce maître de la foudre, accorda aux hommes un fatal présent en leur donnant ces femmes, complices de toutes les mauvaises actions.

Voici encore un autre mal qu'il leur envoya au lieu d'un bienfait. Celui qui, fuyant l'hymen et l'importune société des femmes, ne veut pas se marier et parvient jusqu'à la triste vieillesse, reste privé de soins ; et s'il ne vit pas dans l'indigence, à sa mort, des parents éloignés se divisent son héritage. Si un homme subit la destinée du mariage, quoiqu'il possède une femme pleine de chasteté et de sagesse, pour lui le mal lutte toujours avec le bien. Mais s'il a épousé une femme vicieuse, tant qu'il respire, il porte dans son cœur un chagrin sans bornes, une douleur incurable. On ne peut donc ni tromper la prudence de Jupiter ni échapper à ses arrêts. Le fils de Japet lui-même, l'innocent Prométhée n'évita point sa terrible colère ; mais, vaincu par la nécessité, malgré sa vaste science, il languit enchaîné par un lien cruel.

Saturne, irrité dans son âme contre Briarée, Cottus et Gygès, s'empressa de les attacher par une forte chaîne, bien qu'il admirât leur audace extraordinaire, leur beauté et leur haute stature ; il les renferma dans la terre aux larges flancs. Là, en des lieux reculés, aux extrémités de cette terre immense, ils souffraient un sort rigoureux et gémissaient, le cœur en proie à une grande tristesse ; mais Jupiter et les autres dieux immortels que Rhéa aux beaux cheveux avait conçus de Saturne, les rendirent à la clarté du jour, d'après les conseils de la Terre. En effet, la Terre, par de longs discours, leur fit comprendre qu'avec ces guerriers ils obtiendraient la victoire et une gloire éclatante. Longtemps éprouvés par de pénibles travaux les dieux Titans et les enfants de Saturne se livrèrent entre eux de terribles batailles. Du haut de l'Othrys les glorieux Titans, du faîte de l'Olympe, les dieux auteurs de tous les biens, les dieux que Rhéa aux beaux cheveux avait engendrés en s'unissant à Saturne, continuèrent leur sanglante lutte durant dix années entières. Cette funeste guerre n'avait ni terme ni relâche, et l'avantage flottait égal entre les deux partis. Enfin, Jupiter, dans un riche festin, prodigua à ses défenseurs le nectar et l'ambroisie dont se nourrissent les dieux même ; leur généreux courage se réchauffa dans toutes leurs âmes ; quand le nectar et la douce ambroisie les eurent rassasiés, le père des dieux et des hommes leur adressa ces paroles :

« Ecoutez-moi, nobles enfants de la Terre et d'Uranus, je vous dirai ce que mon cœur m'inspire. Déjà, depuis trop longtemps, animés les uns contre les autres, nous combattons chaque jour pour la victoire et pour l'empire, les dieux Titans et nous tous qui sommes nés de Saturne. Dans ces combats meurtriers, opposés aux Titans, montrez-leur votre force redoutable et vos mains invincibles. Fidèles au souvenir d'une douce amitié, songez qu'après de longues souffrances, affranchis par notre sagesse d'une chaîne cruelle, vous êtes remontés d'un abîme de ténèbres à la lumière du jour. »

Il dit. L'irréprochable Cottus répliqua en ces termes : « Dieu respectable ! tu ne nous apprends rien de nouveau. Nous aussi, nous savons combien tu l'emportes en sagesse et en intelligence. Tu as repoussé loin des immortels une horrible calamité. C'est grâce à ta prudence que nous avons été arrachés de notre obscure prison et délivrés de nos fers douloureux, ô roi, fils de Saturne ! après avoir enduré des tourments inouïs. Maintenant donc, remplis d'une sage et ferme volonté, nous t'assurerons l'empire dans cette guerre terrible, en bravant les Titans au milieu des ardentes batailles. »

Il dit. Les dieux, auteurs de tous les biens, approuvèrent ce discours, et leur cœur brûla pour la guerre d'un désir plus violent que jamais. Dans ce jour, un grand combat s'engagea entre tous les dieux et toutes les déesses, entre les Titans et les enfants de Saturne que Jupiter tira des abîmes souterrains de l'Erèbe, pour les rappeler à la lumière, armée formidable, puissante, douée d'une force prodigieuse. Ces guerriers avaient chacun cent bras qui s'élançaient de leurs épaules, et cinquante têtes, attachées à leur dos, planaient sur leurs membres robustes. Opposés aux Titans dans cette guerre désastreuse, tous portaient dans leurs fortes mains d'énormes rochers. De l'autre côté, les Titans, pleins d'ardeur, affermissaient leurs phalanges. Les deux partis déployaient leur audace et la vigueur de leurs bras. Un horrible fracas retentit sur la mer immense. La terre poussa de longs mugissements ; le vaste ciel gémit au loin ébranlé, et tout le grand Olympe trembla, secoué jusqu'en ses fondements par le choc des célestes armées. Le ténébreux Tartare entendit parvenir dans ses abîmes l'épouvantable bruit de la marche des dieux, de leurs tumultueux efforts et de leurs coups violents. Ainsi les deux troupes ennemies lançaient l'une sur l'autre mille traits douloureux ; tandis que chacune s'encourageait à l'envi, leurs clameurs montaient jusqu'au ciel étoilé et de grands cris retentissaient dans cette mêlée terrible.

Alors Jupiter n'enchaîna plus son courage ; son âme se remplit soudain d'une bouillante ardeur, et il déploya sa force tout entière. S'élançant des hauteurs du ciel et de l'Olympe, il s'avançait armé de feux étincelants ; les foudres, rapidement jetées par sa main vigoureuse, volaient au milieu du tonnerre et des éclairs redoublés et roulaient au loin une divine flamme. La terre féconde mugissait partout consumée et les vastes forêts pétillaient dans ce grand incendie. Le monde s'embrasait ; on voyait bouillonner les flots de l'océan et la mer stérile. Une brûlante vapeur enveloppait les Titans terrestres ; la flamme immense s'élevait dans l'air céleste, et les yeux des plus braves guerriers étaient aveuglés par l'éblouissant éclat de la foudre et du tonnerre. Le vaste incendie envahit le chaos. Les regards semblaient voir, les oreilles semblaient entendre encore ce désordre qui agita le monde dans ces temps où la terre et le ciel élevé s'entre-choquaient avec un épouvantable fracas, lorsque la terre allait périr et que le ciel cherchait à la détruire en l'écrasant, tant ces dieux rivaux faisaient partout retentir un belliqueux tumulte !

Tous les vents, déchaînant leur rage, soulevaient des tourbillons de poussière mêlés au tonnerre, aux éclairs et à l'ardente foudre, traits enflammés du grand Jupiter ; ils répandaient au milieu des deux armées le bruit et les clameurs. Cette effroyable lutte continuait avec un fracas immense. Partout se déployait une égale vigueur. La victoire se déclara enfin. Jusqu'alors l'un et l'autre partis, en s'attaquant, avaient montré le même courage dans cette violente bataille ; mais, habiles à soutenir aux premiers rangs un combat acharné, Cottus, Briarée et Gygès, insatiables de carnage, de leurs mains vigoureuses lancèrent coup sur coup trois cents rochers, ombragèrent les Titans d'une nuée de flèches, et, vainqueurs de ces superbes ennemis, les précipitèrent tout chargés de douloureuses chaînes sous les abîmes de la terre aux larges flancs, aussi loin que le ciel s'élève au-dessus de la terre : car un même espace s'étend depuis la terre jusqu'au sombre Tartare. Une enclume d'airain, en tombant du ciel, roulerait neuf jours et neuf nuits, et ne parviendrait que le dixième jour à la terre ; une enclume d'airain, en tombant de la terre, roulerait également neuf jours et neuf nuits et ne parviendrait au Tartare que le dixième jour. Cet affreux abîme est environné d'une barrière d'airain ; autour de l'ouverture la nuit répand trois fois ses ombres épaisses ; au-dessus reposent les racines de la terre et les fondements de la mer stérile. Là, par l'ordre de Jupiter qui rassemble les nuages, les dieux Titans languissent cachés dans les ténèbres, au fond d'un gouffre impur, aux extrémités de la terre lointaine. Cette prison n'offre point d'issue ; Neptune y posa des portes d'airain ; des deux côtés un mur l'environne. Là demeurent Gygès, Cottus et le magnanime Briarée, fidèles gardiens placés par Jupiter, ce maître de l'égide. Là sont tracées avec ordre les premières limites de la sombre terre, du ténébreux Tartare, de la stérile mer et du ciel étoilé, limites fatales, impures, abhorrées même par les dieux ! gouffre immense ! Le mortel qui oserait en franchir les portes, ne pourrait au bout d'une année en toucher le fond ; il serait entraîné çà et là par une tempête que remplacerait une tempête plus affreuse encore. Ce prodigieux abîme fait horreur aux dieux immortels. C'est là que le terrible palais de la Nuit obscure s'élève couvert de noirs et épais nuages. Debout à l'entrée, le fils de Japet soutient vigoureusement le vaste ciel de sa tête et de ses mains infatigables. Le Jour et la Nuit, s'appelant mutuellement, franchissent tour à tour le large seuil d'airain ; l'un entre, l'autre sort, et jamais ce séjour ne les rassemble tous les deux. Sans cesse l'un plane au dehors sur l'immensité de la terre, et l'autre, dans l'intérieur du palais, attend que l'heure de son départ soit arrivée. Le Jour dispense aux mortels la lumière au loin étincelante, et la Nuit funeste, revêtue d'un sombre nuage, porte dans ses mains le Sommeil, frère de la Mort. Là demeurent les enfants de la Nuit obscure, le Sommeil et la Mort, divinités terribles que le soleil resplendissant n'éclaire jamais de ses rayons, soit qu'il monte vers le ciel, soit qu'il en redescende. Le Sommeil parcourt la terre et le vaste dos de la mer en se montrant toujours paisible et doux pour les humains. Mais la Mort a un cœur de fer ; une âme impitoyable respire dans sa poitrine d'airain ; le premier homme qu'elle a saisi, elle ne le lâche pas, et elle est odieuse même aux immortels.

Près de là se dressent les demeures retentissantes du puissant Pluton, dieu des enfers, et de la terrible Proserpine ; la porte en est confiée à la garde d'un chien hideux et cruel ; cet animal, par une méchante ruse, caresse tous ceux qui entrent en agitant sa queue et ses deux oreilles, mais il ne les laisse plus sortir, et les épiant avec soin, il dévore quiconque veut repasser le seuil du puissant Pluton et de la terrible Proserpine.

Là demeure encore la fille aînée de l'Océan au rapide reflux, la formidable Styx, reine abhorrée des immortels ; le beau palais qu'elle habite loin des autres dieux, s'élève couronné de rocs énormes et soutenu par des colonnes d'argent qui montent vers le ciel. Quelquefois la fille de Thaumas, Iris aux pieds légers, vole, messagère docile, sur le vaste dos de la mer lorsqu'une rivalité ou une dispute règne parmi les dieux. Si l'un des habitants de l'Olympe s'est rendu coupable d'un mensonge, Iris, envoyée par Jupiter pour consacrer le grand serment des dieux, va chercher au loin dans une aiguière d'or cette onde fameuse qui descend, toujours froide, du sommet d'une roche élevée. La plupart des flots du Styx, jaillissant de leur source sacrée, coulent sous les profondeurs de la terre immense, dans l'ombre de la nuit et deviennent un bras de l'Océan. La dixième partie en est réservée au serment : les neuf autres, serpentant autour de la terre et du vaste dos de la plaine liquide, vont se jeter dans la mer en formant mille tourbillons argentés, tandis que l'eau qui tombe du rocher sert au châtiment des dieux. Si l'un des immortels qui habitent le faîte du neigeux Olympe se parjure en répandant les libations, il languit pendant toute une année, privé du souffle de la vie ; ne savoure plus ni l'ambroisie ni le nectar, et reste étendu sur sa couche sans respiration, sans parole, plongé dans un fatal engourdissement. Lorsque, après une grande année, sa maladie a terminé son cours, il est condamné à des tourments nouveaux : durant neuf années entières, il vit séparé des dieux immortels, sans jamais se mêler à leurs conseils ou à leurs banquets ; à la dixième année seulement il rentre dans l'assemblée de ces dieux habitants de l'Olympe. Ainsi les dieux consacrèrent au serment l'onde incorruptible du Styx, cette onde antique qui traverse des lieux hérissés de rochers.

Là sont tracées avec ordre les premières limites de la sombre terre, du ténébreux Tartare, de la stérile mer et du ciel étoilé, limites fatales, impures, abhorrées même par les dieux ! Là, on voit des portes de marbre et un seuil d'airain, inébranlable, appuyé sur des bases profondes et construit de lui-même. A l'entrée, loin de tous les dieux, demeurent les Titans, par delà le sombre chaos ; mais les illustres défenseurs de Jupiter, maître de la foudre, Cottus et Gygès habitent un palais aux sources de l'Océan. Quand au valeureux Briarée, le bruyant Neptune en a fait son gendre ; il lui a donné pour épouse sa fille Cymopolie. Lorsque Jupiter eut chassé du ciel les Titans, la vaste Terre, s'unissant au Tartare, grâce à Vénus à la parure d'or, engendra Typhoë, le dernier de ses enfants : les vigoureuses mains de ce dieu puissant travaillaient sans relâche et ses pieds étaient infatigables ; sur ses épaules se dressaient les cent têtes d'un horrible dragon, et chacune dardait une langue noire ; des yeux qui armaient ces monstrueuses têtes, jaillissait une flamme étincelante à travers leurs sourcils ; toutes, hideuses à voir, proféraient mille sons inexplicables et quelquefois si aigus que les dieux même pouvaient les entendre, tantôt la mugissante voix d'un taureau sauvage et indompté, tantôt le rugissement d'un lion au cœur farouche, souvent, ô prodige! les aboiements d'un chien ou des clameurs perçantes dont retentissaient les hautes montagnes. Sans doute le jour de la naissance de Typhoë aurait été témoin d'un malheur inévitable ; il aurait usurpé l'empire sur les hommes et sur les dieux si leur père souverain n'eût tout à coup deviné ses projets. Jupiter lança avec force son rapide tonnerre qui fit retentir horriblement toute la terre, le ciel élevé, la mer, les flots de l'océan et les abîmes les plus profonds. Quand le roi des dieux se leva, le grand Olympe chancela sous ses pieds immortels ; et la terre gémit. La sombre mer fut envahie à la fois par le tonnerre et par la foudre, par le feu que vomissait le monstre, par les tourbillons des vents enflammés et par les éclairs au loin resplendissants. Partout bouillonnaient la terre, le ciel et la mer ; sous le choc des célestes rivaux, les vastes flots se brisaient contre leurs rivages ; un irrésistible ébranlement secouait l'univers. Le dieu qui règne sur les morts des enfers, Pluton s'épouvanta, et les Titans, renfermés dans le Tartare autour de Saturne, frissonnèrent en écoutant ce bruit interminable et ce terrible combat. Enfin Jupiter, rassemblant toutes ses forces, s'arma de sa foudre, de ses éclairs et de son tonnerre étincelant, s'élança du haut de l'Olympe sur Typhoë, le frappa et réduisit en poudre les énormes têtes de ce monstre effrayant qui, vaincu par ses coups redoublés, tomba mutilé, et dans sa chute fit retentir la terre immense. La flamme s'échappait du corps de ce géant foudroyé dans les gorges d'un mont escarpé et couvert d'épaisses forêts. La vaste terre brûlait partout enveloppée d'une immense vapeur ; elle se consumait, comme l'étain échauffé par les soins des jeunes forgerons dans une fournaise à la large ouverture, ou comme le fer, le plus solide des métaux, dompté par le feu dévorant dans les profondeurs d'une montagne, lorsque Vulcain, sur la tante Junon, qui mit au jour Hébé, Mars et Ilithye après avoir partagé la couche du roi des dieux et des hommes. Mais il fit sortir de sa propre tête Tritogénie aux yeux bleus, cette terrible Pallas, ardente à exciter le tumulte, habile à guider les armées, toujours infatigable, toujours digne de respect, toujours avide de clameurs, de guerres et de combats.

Junon, sans s'unir à son époux, mais luttant de pouvoir avec lui, après de laborieux efforts, enfanta l'illustre Vulcain, le plus industrieux de tous les habitants de l'Olympe.

D'Amphitrite et du bruyant Neptune naquit le grand et vigoureux Triton, dieu redoutable qui, dans les profondeurs de la mer, habite un palais d'or auprès de sa mère chérie et du roi son père.

Épouse du dieu Mars qui brise les boucliers, Cythérée engendra la Fuite et la Terreur, divinités funestes qui dispersent les épaisses phalanges des héros et parmi les horreurs de la guerre secondent la fureur de Mars, ce destructeur des Villes ; elle enfanta aussi Harmonie, que le magnanime Cadmus choisit pour épouse.

La fille d'Atlas, Maïa, montant sur la couche sacrée de Jupiter, lui donna le glorieux Mercure, héraut des immortels.

Sémélé, fille de Cadmus, fécondée par les embrassements de Jupiter, quoique mortelle, engendra un dieu, le célèbre Bacchus qui répand au loin l'allégresse ; tous les deux maintenant jouissent des célestes honneurs.

Alcmène, unie d'amour avec Jupiter qui rassemble les nuages, donna l'existence au puissant Hercule.

Le boiteux Vulcain, ce dieu illustre, eut pour brillante épouse Aglaia, la plus jeune des Grâces.

Bacchus aux cheveux d'or épousa la fille de Minos, la blonde Ariane, que le fils de Saturne affranchit de la vieillesse et de la mort.

L'intrépide enfant d'Alcmène aux pieds charmants, le puissant Hercule, délivré de ses pénibles travaux, choisit pour chaste épouse dans l'Olympe neigeux Hébé, cette fille du grand Jupiter et de Junon aux brodequins d'or. Heureux enfin, après avoir accompli d'éclatants exploits, il est admis au rang des dieux, et tous ses jours s'écoulent exempts de malheurs et de vieillesse.

La glorieuse fille de l'Océan, Perseïs donna au Soleil infatigable Circé et le monarque Éétès.

Éétès, fils du Soleil qui éclaire les mortels, épousa, d'après le conseil des dieux, Idye aux belles joues, cette fille du superbe fleuve Océan, Idye, qui, domptée par ses amoureuses caresses, grâce à Vénus à la parure d'or, enfanta Médée aux pieds charmants.

Recevez maintenant mes adieux, habitants des demeures de l'Olympe, dieux des îles, de la terre et de la mer aux flots salés. Et vous, Muses harmonieuses, vierges de l'Olympe, filles de Jupiter maître de l'égide, chantez ces déesses qui, reposant dans les bras des mortels, donnèrent le jour à des enfants semblables aux dieux.

Cérès, divinité puissante, goûta les charmes de l'amour avec le héros Iasius au sein d'un champ labouré trois fois, dans la fertile Crète ; là elle engendra le bienfaisant Plutus qui, parcourant l'immensité de la terre et le vaste dos de la mer, prodigue au mortel que le hasard amène sous sa main, l'abondance, la richesse et la prospérité.

Harmonie, la fille de Vénus à la parure d'or, conçut de Cadmus Ino, Sémélé, Agavé aux belles joues, Autonoë qu'épousa Aristée à l'épaisse chevelure ; elle enfanta aussi Polydore dans Thèbes couronnée de beaux remparts.

Callirhoë, fille de l'Océan, goûtant avec le magnanime Chrysaor les plaisirs de Vénus à la parure d'or, engendra le plus robuste de tous les mortels, Géryon qu'immola le puissant Hercule pour ravir ses bœufs aux pieds flexibles dans Erythie entourée de flots.

L'Aurore donna à Tithon Memnon au casque d'airain, roi de l'Éthiopie et le monarque Hémathion. Elle conçut de Céphale un illustre enfant, l'intrépide Phaéton, homme semblable aux dieux. Phaéton, encore paré des tendres fleurs de la brillante jeunesse, ne pensait qu'aux jeux de son âge, lorsque Vénus, amante des plaisirs, l'enleva, l'établit nocturne gardien de ses temples sacrés et lui accorda les honneurs divins.

Docile aux conseils des dieux immortels, le fils d'Éson enleva la fille d'Éétès, de ce monarque nourrisson de Jupiter, lorsqu'il eut accompli les nombreux et pénibles travaux que lui avait imposés le grand roi Pélias, ce roi orgueilleux, insolent, impie et criminel. Vainqueur enfin, après de longues souffrances, il revint dans Iolchos, amenant sur son léger navire cette vierge aux yeux noirs, dont il fit sa charmante épouse. Bientôt, amoureusement domptée par Jason, ce pasteur des peuples, elle mit au jour Médus que Chiron, ce rejeton de Phillyre, éleva sur les montagnes. Ainsi s'accomplissait la volonté du grand Jupiter.

La fille de Nérée, ce vieillard marin, Psamathe, déesse puissante, enfanta Phocus après s'être unie d'amour avec Éacus, grâce à Vénus à la parure d'or.

Fécondée par Pélée, la divine Thétis aux pieds d'argent fit naître un guerrier formidable, Achille au cœur de lion.

Cythérée à la belle couronne donna l'existence à Énée lorsqu'elle eût goûté les plaisirs de l'amour avec le héros Anchise sur le faîte ombragé de l'Ida aux nombreux sommets.

Circé, fille du Soleil, né d'Hypérion, unie au patient Ulysse, engendra Agrius et l'irréprochable, le vigoureux Latinus ; elle enfanta encore Télégonus, grâce à Vénus à la parure d'or ; et ces héros, dans la retraite lointaine des îles sacrées, régnèrent sur tous les illustres Tyrréniens.

Calypso, déité puissante, unie d'amour avec Ulysse, eut pour fils Nausithoüs et Nausinoüs.

Telles sont les déesses qui, dormant dans les bras des mortels, donnèrent le jour à des enfants semblables aux dieux. Maintenant chantez la race des femmes illustres, ô Muses harmonieuses, vierges de l'Olympe, filles de Jupiter maître de l'égide !

FIN DE LA THÉOGONIE.

2

LES TRAVAUX ET LES JOURS

Muses de la Piérie, ô vous dont les chants immortalisent ! venez ; célébrez votre père, de qui descendent à la fois tous les hommes obscurs ou fameux, le grand Jupiter, qui leur accorde à son gré la honte ou la gloire, les élève aisément ou aisément les renverse, affaiblit le puissant et fortifie le faible, corrige le méchant et humilie le superbe, Jupiter qui tonne dans les cieux et réside sur les plus hauts sommets de l'Olympe. Dieu puissant qui entends et vois tout, écoute : dirige vers l'équité les jugements des mortels. Pour moi, puissé-je faire entendre à Persès le langage de la vérité !

On ne voit pas régner sur la terre une seule rivalité ; il en existe deux : l'une digne des éloges du sage, l'autre de son blâme ; toutes deux animées d'un esprit différent. L'une excite la guerre désastreuse et la discorde ; la cruelle ! nul homme ne la chérit, mais tous, d'après la volonté des dieux, sont contraints de l'honorer en la haïssant. L'autre, c'est la Nuit obscure qui l'enfanta la première, et le grand fils de Saturne, habitant au sommet des cieux, la plaça sur les racines mêmes de la terre pour qu'elle vécût parmi les humains et leur devînt utile. Elle pousse au travail le mortel le plus indolent. L'homme oisif, qui jette les yeux sur un homme riche, s'empresse à son tour de labourer, de planter, de gouverner avec ordre sa maison ; le voisin est jaloux du voisin qui tâche de s'enrichir. Cette rivalité est pour les mortels une source de biens. Ainsi le potier porte envie au potier, l'artisan à l'artisan, le mendiant au mendiant et le chanteur au chanteur.

O Persès ! grave bien ces conseils au fond de ton âme : que l'envie, joyeuse des maux d'autrui, ne te détourne pas du travail ; ne regarde pas les procès d'un œil curieux et n'écoute pas les plaideurs sur la place publique. On n'a que peu de temps à perdre dans les querelles et dans les contestations lorsque, pendant la saison propice, on n'a point amassé pour toute l'année les fruits que produit la terre et que prodigue Cérès. Rassasié de ces fruits, tu pourras alors envier et disputer aux autres leurs richesses. Mais non ; il ne te sera plus permis d'agir ainsi. Terminons enfin notre procès par d'équitables jugements émanés de la bonté de Jupiter. Déjà nous avons partagé notre héritage, et tu m'as arraché la plus forte part dans l'espoir de corrompre ces rois, dévorateurs de présents, qui veulent juger notre querelle. Les insensés ! ils ignorent que souvent la moitié vaut mieux que le tout et combien il y a d'avantages à se nourrir de mauve et d'asphodèle. En effet, les dieux cachèrent aux mortels le secret d'une vie frugale. Autrement le travail d'un seul jour suffirait pour te procurer les moyens de subsister une année entière, même en restant oisif. Tu suspendrais soudain le gouvernail au-dessus de la fumée et tu laisserais reposer les bœufs et les mulets laborieux. Mais Jupiter nous déroba ce secret, furieux dans son âme d'avoir été trompé par l'astucieux Prométhée. Voilà pourquoi il condamna les hommes aux soucis et aux tourments. Il leur avait caché le feu ; mais le noble fils de Japet, par un adroit larcin, le leur apporta dans la tige d'une férule, après l'avoir enlevé au prudent Jupiter qui aime à lancer la foudre. Ce Dieu qui rassemble les nuages lui dit en son courroux :

« Fils de Japet, ô le plus habile de tous les mortels ! tu te réjouis d'avoir dérobé le feu divin et trompé ma sagesse ; mais ton vol te sera fatal à toi et aux hommes à venir. Pour me venger de ce larcin, je leur enverrai un funeste présent dont ils seront tous charmés au fond de leur âme, chérissant eux-mêmes leur propre fléau. »

En achevant ces mots, le père des dieux et des hommes sourit et commanda à l'illustre Vulcain de composer sans délais un corps, en mélangeant de la terre avec l'eau, de lui communiquer la force et la voix humaine, d'en former une vierge douée d'une beauté ravissante et semblable aux déesses immortelles ; il ordonna à Minerve de lui apprendre les travaux des femmes et l'art de façonner un merveilleux tissu, à Vénus à la parure d'or de répandre sur sa tête la grâce enchanteresse, de lui inspirer les violents désirs et les soucis dévorants, à Mercure, messager des dieux et meurtrier d'Argus, de remplir son esprit d'impudence et de perfidie. Tels furent les ordres de Jupiter, et les dieux obéirent à ce roi, fils de Saturne. Aussitôt l'illustre Vulcain, soumis à ses volontés, façonna avec de la terre une image semblable aune chaste vierge ; la déesse aux yeux bleus, Minerve, l'orna d'une ceinture et de riches vêtements ; les divines Grâces et l'auguste Persuasion lui attachèrent des colliers d'or, et les Heures à la belle chevelure la couronnèrent des fleurs du printemps. Minerve entoura tout son corps d'une magnifique parure. Enfin le meurtrier d'Argus, docile au maître du tonnerre, lui inspira l'art du mensonge, les discours séduisants et le caractère perfide. Ce héraut des dieux lui donna un nom et l'appela Pandore, parce que chacun des habitants de l'Olympe lui avait fait un présent pour la rendre funeste aux hommes industrieux.

Après avoir achevé cette attrayante et pernicieuse merveille, Jupiter ordonna à l'illustre meurtrier d'Argus, au rapide messager des dieux, de la conduire vers Épiméthée. Épiméthée ne se rappela point que Prométhée lui avait recommandé de ne rien recevoir de Jupiter, roi d'Olympe, mais de lui renvoyer tous ses dons de peur qu'ils ne devinssent un fléau terrible aux mortels : il accepta le présent fatal et reconnut bientôt son imprudence.

Auparavant, les tribus des hommes vivaient sur la terre exemptes des tristes souffrances, du pénible travail et de ces cruelles maladies qui amènent la vieillesse : car les hommes qui souffrent vieillissent promptement. Pandore, tenant dans ses mains un grand vase, en souleva le couvercle, et les maux terribles qu'il renfermait se répandirent au loin. L'Espérance seule resta : arrêtée sur les bords du vase, elle ne s'envola point, Pandore ayant remis le couvercle, par l'ordre de Jupiter qui porte l'égide et rassemble les nuages. Depuis ce jour, mille calamités entourent les hommes de toutes parts : la terre est remplie de maux, la mer en est remplie ; les Maladies se plaisent à tourmenter les mortels nuit et jour et leur apportent en silence toutes les douleurs, car le prudent Jupiter les a privées de la voix. Nul ne peut donc échapper à la volonté de Jupiter.

Si tu le veux, je te ferai un autre récit plein de sagesse et d'utilité ; toi, recueille-le au fond de ta mémoire.

Quand les hommes et les dieux furent nés ensemble, d'abord les célestes habitants de l'Olympe créèrent l'âge d'or pour les mortels doués de la parole. Sous le règne de Saturne qui commandait dans le ciel, les mortels vivaient comme les dieux ; ils étaient libres d'inquiétudes, de travaux et de souffrances ; la cruelle vieillesse ne les affligeait point ; leurs pieds et leurs mains conservaient sans cesse la même vigueur, et loin de tous les maux, ils se réjouissaient au milieu des festins, riches en fruits délicieux et chers aux bienheureux immortels. Ils mouraient comme enchaînés par un doux sommeil. Tous les biens naissaient autour d'eux. La terre fertile produisait d'elle-même d'abondants trésors ; libres et paisibles, ils partageaient leurs richesses avec une foule de vertueux amis. Quand la terre eut renfermé dans son sein cette première génération, ces hommes, appelés les génies terrestres, devinrent les protecteurs et les gardiens tutélaires des mortels : ils observent leurs bonnes ou leurs mauvaises actions, et, enveloppés d'un nuage, parcourent toute la terre en répandant la richesse : telle est la royale prérogative qu'ils ont obtenue.

Ensuite les habitants de l'Olympe produisirent une seconde race bien inférieure à la première, l'âge d'argent qui ne ressemblait à l'âge d'or ni pour la force du corps ni pour l'intelligence. Nourri par les soins de sa mère, l'enfant, toujours inepte, croissait, durant cent ans, dans la maison natale. Parvenu au terme de la puberté et de l'adolescence, il ne vivait qu'un petit nombre d'années, accablé de ces douleurs, triste fruit de sa stupidité : car alors les hommes ne pouvaient s'abstenir de l'injustice ; ils ne voulaient pas adorer les dieux ni leur offrir des sacrifices sur leurs pieux autels, comme doivent le faire les mortels divisés par tribus. Bientôt Jupiter, fils de Saturne, les anéantit, courroucé de ce qu'ils refusaient leurs hommages aux dieux habitants de l'Olympe. Quand la terre eut dans son sein renfermé leurs dépouilles, on les nomma les mortels bienheureux ; ces génies terrestres n'occupent que le second rang, mais le respect accompagne aussi leur mémoire.

Le père des dieux créa une troisième génération d'hommes doués de la parole, l'âge d'airain, qui ne ressemblait en rien à l'âge d'argent. Robustes comme le frêne, ces hommes, violents et terribles, ne se plaisaient qu'aux injures et aux sanglants travaux de Mars ; ils ne se nourrissaient pas des fruits de la terre, et leur cœur impitoyable avait la dureté de l'acier. Leur force était immense, indomptable, et des bras invincibles s'allongeaient de leurs épaules sur leurs membres nerveux. Ils portaient des armes d'airain ; l'airain composait leurs maisons ; ils ne travaillaient que l'airain, car le fer noir n'existait pas encore. Égorgés par leurs propres mains, ils descendirent dans la ténébreuse demeure du froid Pluton sans laisser un nom après eux. Malgré leur force redoutable, la sombre Mort les saisit et ils quittèrent la brillante lumière du soleil.

Quand la terre eut aussi renfermé leur dépouille dans son sein, Jupiter, fils de Saturne, créa sur cette terre fertile une quatrième race plus juste et plus vertueuse, la céleste race de ces héros que l'âge précédent nomma les demi-dieux dans l'immense univers. La guerre fatale et les combats meurtriers les moissonnèrent tous, les uns lorsque, devant Thèbes aux sept portes, sur la terre de Cadmus, ils se disputèrent les troupeaux d'OEdipe ; les autres lorsque, franchissant sur leurs navires la vaste étendue de la mer, armés pour Hélène aux beaux cheveux, ils parvinrent jusqu'à Troie, où la mort les enveloppa de ses ombres. Le puissant fils de Saturne, leur donnant une nourriture et une demeure différentes de celles des autres hommes, les plaça aux confins de la terre. Ces héros fortunés, exempts de toute inquiétude, habitent les îles des bienheureux par delà l'océan aux gouffres profonds, et trois fois par an la terre féconde leur prodigue des fruits brillants et délicieux.

Plût aux dieux que je ne vécusse pas au milieu de la cinquième génération ! Que ne suis-je mort avant ! que ne puis-je naître après ! C'est l'âge de fer qui règne maintenant. Les hommes ne cesseront ni de travailler et de souffrir pendant le jour, ni de se corrompre pendant la nuit ; les dieux leur enverront de terribles calamités. Toutefois, quelques biens se mêleront à tant de maux. Jupiter détruira cette race d'hommes doués de la parole lorsque presque dès leur naissance leurs cheveux blanchiront. Le père ne sera plus uni à son fils, ni le fils à son père, ni l'hôte à son hôte, ni l'ami à son ami ; le frère, comme auparavant, ne sera plus chéri de son frère ; les enfants mépriseront la vieillesse de leurs parents. Les cruels ! ils les accableront d'injurieux reproches sans redouter la vengeance divine. Dans leur coupable brutalité, ils ne rendront pas à leurs pères les soins que leur enfance aura reçus : l'un ravagera la cité de l'autre ; on ne respectera ni la foi des serments, ni la justice, ni la vertu ; on honorera de préférence l'homme vicieux et insolent ; l'équité et la pudeur ne seront plus en usage : le méchant outragera le mortel vertueux par des discours pleins d'astuce auxquels il joindra le parjure. L'Envie au visage odieux, ce monstre qui répand la calomnie et se réjouit du mal, poursuivra sans relâche les hommes infortunés. Alors, promptes à fuir la terre immense pour l'Olympe, la Pudeur et Némésis, enveloppant leurs corps gracieux de leurs robes blanches, s'envoleront vers les célestes tribus et abandonneront les humains ; il ne restera plus aux mortels que les chagrins dévorants, et leurs maux seront irrémédiables.

Maintenant je raconterai aux rois une fable que leur sagesse même ne dédaignera point. Un épervier venait de saisir un rossignol au gosier sonore et l'emportait à travers les nues ; déchiré par ses serres recourbées, le rossignol gémissait tristement ; mais l'épervier lui dit avec arrogance : « Malheureux ! pourquoi ces plaintes ? Tu es au pouvoir du plus fort ; quoique chanteur harmonieux, tu vas où je te conduis ; je peux à mon gré ou faire de toi mon repas ou te rendre la liberté. » Ainsi parla l'épervier au vol rapide et aux ailes étendues. Malheur à l'insensé qui ose lutter contre un ennemi plus puissant ! privé de la victoire, il voit encore la souffrance s'ajouter à sa honte.

O Persès ! écoute la voix de l'équité, et abstiens-toi de l'injure, car l'injure est fatale à l'homme faible ; l'homme de bien ne la supporte pas facilement : accablé par elle, il tombe sa victime. Il est un chemin plus noble qui mène à la justice. La justice finit toujours par triompher de l'injure. Mais l'insensé ne s'instruit que par son propre malheur. Horcus poursuit avec ardeur les jugements iniques. La justice s'indigne et frémit partout où elle se voit entraînée par ces hommes, dévorateurs de présents, qui rendent de criminels arrêts. Couverte d'un nuage, elle parcourt en pleurant les cités et les tribus des peuples, apportant le malheur à ceux qui l'ont chassée et n'ont pas jugé avec droiture. Mais ceux qui, rendant une justice égale aux étrangers et à leurs concitoyens, ne s'écartent pas du droit sentier, voient fleurir leur ville et prospérer leurs peuples ; la paix, cette nourrice des jeunes gens, règne dans leur pays, et jamais Jupiter à la large vue ne leur envoie la guerre désastreuse. Jamais la famine ou l'injure n'attaque les mortels équitables : ils célèbrent paisiblement leurs joyeux festins ; la terre leur prodigue une abondante nourriture ; pour eux, le chêne des montagnes porte des glands sur sa cime et des abeilles dans ses flancs ; leurs brebis sont chargées d'une épaisse toison et leurs femmes mettent au jour des enfants qui ressemblent à leurs pères ; toujours riches de tous les biens, ils n'ont pas besoin de voyager sur des vaisseaux, et la terre fertile les nourrit de ses fruits. Mais quand des mortels se livrent à l'injure funeste et aux actions vicieuses, Jupiter à la large vue leur inflige un prompt châtiment : souvent une ville entière est punie à cause d'un seul homme qui commet des injustices et des crimes ; du haut des cieux, le fils de Saturne déchaîne à la fois deux grands fléaux, la peste et la famine, et les peuples périssent ; leurs femmes n'enfantent plus et leurs familles décroissent par la volonté de Jupiter, roi de l'Olympe, qui détruit leur vaste armée, renverse leurs murailles ou punit leurs vaisseaux en les engloutissant dans la mer.

Rois ! vous aussi, redoutez un pareil châtiment, car les immortels, mêlés parmi les hommes, aperçoivent tous ceux qui s'accablent mutuellement par des arrêts iniques sans craindre la vengeance divine. Par l'ordre de Jupiter, sur la terre fertile, trente mille génies, gardiens des mortels, observent leurs jugements et leurs actions coupables, et, revêtus d'un nuage, parcourent le monde entier. La Justice, fille de Jupiter, est une vierge auguste et respectée des dieux habitants de l'Olympe ; lorsqu'un insolent ose l'outrager, soudain, assise auprès de Jupiter, puissant fils de Saturne, elle se plaint de la méchanceté des hommes et le conjure de faire retomber sur le peuple les fautes des rois qui, dans leurs criminelles pensées, s'écartent du droit chemin et prononcent d'injustes sentences. Pour éviter ces malheurs, ô rois dévorateurs de présents ! redressez vos arrêts et oubliez entièrement le langage de l'iniquité. L'homme qui fait du mal à autrui s'en fait aussi à lui-même ; un mauvais jugement est toujours terrible pour le juge. L'œil de ce Jupiter, qui voit et découvre tout, contemple notre procès si telle est sa volonté ; il n'ignore pas quel débat s'agite dans l'enceinte de notre ville. Puissions-nous maintenant, mon fils et moi, ne pas être justes aux yeux des mortels, puisque la justice n'attire plus que des malheurs, puisque l'homme le moins équitable obtient le plus de droits ! Mais je ne pense pas que Jupiter, maître de la foudre, tolère de semblables abus.

O Persès ! grave bien mes conseils au fond de ton esprit. Écoute la voix de la justice et renonce pour toujours à la violence : telle est la loi que le fils de Saturne a imposée aux mortels. Il a permis aux poissons, aux animaux sauvages, aux oiseaux rapides de se dévorer les uns les autres, parce qu'il n'existe point de justice parmi eux ; mais il a donné aux hommes cette justice, le plus précieux des bienfaits. Si dans la place publique, un juge veut parler avec droiture et avec prudence, Jupiter à la large vue lui accorde la richesse ; mais s'il se parjure volontairement, s'il blesse l'équité par de faux témoignages, il subit des maux sans remède ; la gloire de sa postérité s'obscurcit d'âge en âge, tandis que d'âge en âge la postérité de l'homme juste devient plus illustre. Écoute mes utiles conseils, imprudent Persès ! Rien n'est plus aisé que de se précipiter dans le vice : le chemin en est court et nous l'avons près de nous ; mais les dieux immortels ont baigné de sueurs la route de la vertu : cette route est longue, escarpée et d'abord hérissée d'obstacles ;

mais quand on touche à son sommet, elle devient facile, quoique toujours pénible.

Le plus sage est celui qui, jugeant tout par lui-même, considère les actions qui seront les meilleures lorsqu'il les aura terminées. L'homme docile aux bons conseils est encore digne d'estime ; mais celui qui ne sait pas s'éclairer par sa propre sagesse et refuse d'écouter les avis des autres est entièrement inutile sur la terre. Quant à toi, Persès ! ô rejeton des dieux ! garde l'éternel souvenir de mes avis : travaille si tu veux que la Famine te prenne en horreur et que l'auguste Cérès à la belle couronne, pleine d'amour envers toi, remplisse tes granges de moissons. En effet, la Famine est toujours la compagne de l'homme paresseux ; les dieux et les mortels haïssent également celui qui vit dans l'oisiveté, semblable en ses désirs à ces frelons privés de dards qui, tranquilles, dévorent et consument le travail des abeilles. Livre-toi avec plaisir à d'utiles ouvrages, afin que tes granges soient remplies des fruits amassés pendant la saison propice. C'est le travail qui multiplie les troupeaux et accroît l'opulence. En travaillant, tu seras bien plus cher aux dieux et aux mortels : car les oisifs leur sont odieux. Ce n'est point le travail, c'est l'oisiveté qui est un déshonneur. Si tu travailles, les paresseux bientôt seront jaloux de toi en te voyant t'enrichir ; la vertu et la gloire accompagnent la richesse : ainsi tu deviendras semblable à la divinité. Il vaut donc mieux travailler, ne pas envier inconsidérément la fortune d'autrui et diriger ton esprit vers des occupations qui te procureront la subsistance : voilà le conseil que je te donne. La mauvaise honte est le partage de l'indigent. La honte est très-utile ou très-nuisible aux mortels. La honte mène à la pauvreté, la confiance à la richesse. Ce n'est point par la violence qu'il faut s'enrichir, les biens donnés par les dieux sont les meilleurs de tous. Si un ambitieux s'empare de nombreux trésors par la force de ses mains ou les usurpe par l'adresse de sa langue (comme il arrive trop souvent lorsque l'amour du gain séduit l'esprit des hommes et que l'impudence chasse toute pudeur), les dieux le précipitent bientôt vers sa ruine ; sa famille s'anéantit et il ne jouit que peu de temps de sa richesse. Il est aussi coupable que celui qui maltraiterait un suppliant ou un hôte, qui, monté en secret sur la couche d'un frère, souillerait sa femme d'embrassements illégitimes, dépouillerait par une indigne ruse des enfants orphelins ou accablerait d'injurieux discours un père parvenu au triste seuil de la vieillesse. Jupiter s'irrite contre cet homme et lui envoie enfin un châtiment terrible en échange de ses iniquités. Mais toi, que ton esprit insensé s'abstienne de semblables crimes. Offre, selon tes facultés, des sacrifices aux dieux immortels avec un cœur chaste et pur, et brûle en leur honneur les cuisses brillantes des victimes. Apaise-les par des libations et par de l'encens quand tu vas dormir ou lorsque brille la lumière sacrée du jour, afin qu'ils aient pour toi une âme bienveillante et que tu achètes toujours le champ d'autrui sans jamais vendre le tien. Invite ton ami à tes festins et laisse là ton ennemi ; invite surtout l'ami qui habite près de toi : car s'il t'arrive quelque accident domestique, tes voisins accourent sans ceinture, tandis que tes parents se ceignent encore. Un mauvais voisin est un fléau autant qu'un bon voisin est un bienfait. C'est un trésor que l'on rencontre dans un voisin vertueux. Il ne mourra jamais un de tes bœufs, à moins que tu n'aies un méchant voisin. Mesure avec soin tout ce que tu empruntes à ton voisin ; mais rends-lui autant et davantage si tu le peux, afin que si un jour tu as besoin de lui, tu le trouves prêt à te secourir.

Ne recherche pas des gains déshonorants ; de tels bénéfices équivalent à des pertes. Tu dois chérir qui le chérit, visiter qui te visite, donner à qui te donne, ne rien donner à qui ne te donne rien. On rend présent pour présent et refus pour refus. La libéralité est utile ; la rapine est funeste et ne cause que la mort. L'homme qui donne volontairement, quelle que soit la grandeur du bienfait, s'en réjouit et en est charmé jusqu'au fond de l'âme. Celui qui, fort de son impudence, commet un larcin, malgré la modicité du profit, sent le remords déchirer son cœur. Si tu acquiers peu à peu, mais souvent, tu auras bientôt amassé une grande fortune : qui sait ajouter à ce qu'il possède déjà, évitera la noire famine. Ce qu'on a déposé dans sa maison ne cause plus d'inquiétude. Il vaut mieux garder ses biens dans l'intérieur de ses foyers, puisque ce qui est dehors n'est pas en sûreté. S'il est agréable d'user de ce qu'on a près de soi, il est pénible d'avoir besoin de ce qui est ailleurs. Je t'engage à y songer. Bois à longs traits le commencement et la fin du tonneau, mais épargne le milieu. On le ménage trop tard, quand on ne ménage que le fond.

Donne toujours à ton ami le salaire convenu. En riant même avec ton frère, appelle un témoin : la crédulité et la défiance perdent également les hommes. Qu'une femme indécemment parée ne te séduise point en t'agaçant, par son doux babil et en s'informant de ta demeure : c'est se fier au voleur que se fier à la femme. Qu'un fils unique garde la maison paternelle, ainsi tes richesses s'accroîtront dans tes foyers. Puisses-tu ne mourir que vieux en laissant un autre enfant ! C'est aux familles nombreuses que Jupiter prodigue d'immenses trésors. Plus des parents nombreux redoublent de soins et plus la fortune s'augmente. Si ton cœur désire la richesse, suis mon précepte : ajoute sans cesse le travail au travail.

Commence la moisson quand les Pléiades, filles d'Atlas, se lèvent dans les cieux, et le labourage quand elles disparaissent ; elles demeurent cachées quarante jours et quarante nuits, et se montrent de nouveau lorsque l'année est révolue, à l'époque où s'aiguise le tranchant du fer. Telle est la loi générale des campagnes pour les colons qui habitent les bords de la mer ou qui, loin de cette mer orageuse, cultivent un sol fertile dans les gorges des profondes vallées. Sois toujours nu quand tu sèmes, nu quand tu laboures et nu quand tu moissonnes, si tu veux exécuter à propos tous les travaux de Cérès, voir tes fruits parvenir à leur maturité et n'être pas forcé, dans ton indigence de parcourir en mendiant les maisons étrangères sans rien obtenir. Déjà tu es venu près de moi, mais je ne te ferai plus ni aucun don ni aucun prêt. Travaille, imprudent Persès ! travaille à ces ouvrages que les dieux imposèrent aux hommes ; tremble d'être contraint dans la douleur de mendier ta nourriture avec ta femme et tes enfants et d'implorer des voisins qui te mépriseront :

ils te donneront deux et trois fois, mais si tu les importunes encore, tu n'obtiendras plus rien et tu perdras ton temps en paroles ; tes longs discours seront inutiles. Je te conseille plutôt de payer tes dettes et d'éviter la famine.

Procure-toi d'abord une maison, un bœuf laboureur et une esclave non mariée qui suivra tes troupeaux ; rassemble chez toi tous les instruments nécessaires à l'agriculture pour ne pas en demander aux autres et ne pas en manquer si tu éprouvais un refus : alors tu verrais le temps s'écouler et l'ouvrage en souffrirait. Ne remets pas tes travaux au lendemain ni au surlendemain : l'homme qui reste oisif ou qui diffère d'agir ne remplit pas ses granges. L'activité double la richesse. Celui qui temporise lutte toujours avec le besoin.

Lorsque le soleil ne darde plus les rayons de sa brûlante chaleur, lorsque, pendant l'automne, les pluies du grand Jupiter rendent le corps humain plus souple et plus léger (car alors l'astre du Sirius roule moins longtemps pendant le jour sur la tête des malheureux mortels et prolonge davantage sa course nocturne), lorsque les arbres coupés par le fer sont moins exposés à la carie, quand leurs feuillages tombent et leur sève s'arrête, songe que c'est le temps d'abattre les bois nécessaires à tes travaux. Façonne un mortier de trois pieds, un pilon de trois coudées et un essieu de sept pieds : telle est la mesure la plus convenable ; taille ensuite un maillet de huit pieds et arrondis une jante de trois palmes pour un char qui en aura dix ; prépare beaucoup d'autres morceaux de bois recourbés. Lorsque, en parcourant la montagne ou la plaine, tu auras trouvé un manche d'yeuse, apporte-le dans la maison, c'est l'instrument le plus solide pour servir au labourage ; qu'un élève de Pallas, l'attachant avec des clous, le fixe au dental et l'adapte au timon. Alors construis dans ta demeure deux charrues, l'une d'une seule pièce, l'autre de bois d'assemblage ; rien n'est plus utile, puisque si tu brises l'une, tu pourras atteler tes bœufs à l'autre : c'est le laurier ou l'orme qui forme les timons les plus forts ; que le dental soit de chêne et le manche d'yeuse. Achète deux bœufs de neuf ans ; à cet âge leur vigueur est infatigable ; parvenus au terme de la jeunesse, ils sont encore propres aux travaux : tu ne craindras point qu'en se disputant ils ne brisent la charrue au milieu d'un sillon et ne laissent l'ouvrage imparfait. Qu'un homme de quarante ans les accompagne, après avoir mangé en huit bouchées un pain divisé en quatre parties ; tout entier au labour, il tracera des sillons toujours droits, ne détournera point ses yeux sur ses camarades et tiendra son esprit constamment appliqué à sa tâche : un plus jeune laboureur ne saurait ni répandre la semence avec mesure, ni éviter de la répandre deux fois, car un jeune homme est toujours impatient de rejoindre ses compagnons.

Observe chaque année le temps où tu entendras les cris de la grue retentir du haut des nuages ; c'est elle qui apporte le signal du labour et qui annonce le retour du pluvieux hiver. L'homme qui manque de bœufs sent alors les regrets déchirer son âme. Nourris dans ton étable des bœufs aux longues cornes. Il est aisé de dire : Prête-moi des bœufs et un chariot ; mais il est aisé de répondre : Mes bœufs sont occupés. L'homme riche en imagination parle de construire un chariot ; l'insensé ! il ignore que pour un chariot il faut cent pièces de bois, il aurait dû y songer plus tôt et se munir des matériaux nécessaires. Dès que le temps du labourage arrive pour les mortels, hâte-toi, pars le matin avec tes esclaves, travaille dans la saison le sol humide et sec pour rendre tes champs fertiles, défriche la terre dans le printemps, laboure-la encore pendant l'été ; elle ne trompera point ton espérance ; quand elle est devenue légère, c'est le temps de l'ensemencer. Ainsi travaillée, elle fournit les moyens d'écarter les imprécations et de procurer du repos aux enfants. Invoque le Jupiter infernal et demande à la chaste Cérès de faire parvenir ses divins présents à leur maturité. Lorsque, commençant le labour et prenant dans la main l'extrémité du manche, tu frappes de l'aiguillon le dos de tes bœufs qui traînent le timon à l'aide des courroies, qu'un jeune serviteur te suive armé d'un hoyau et donne du mal aux oiseaux en recouvrant la semence. L'ordre est pour les mortels le plus grand des biens ; le désordre le plus grand des maux. Ainsi tes lourds épis s'inclineront vers la terre si le roi de l'Olympe accorde un heureux terme à tes travaux. Tu débarrasseras tes urnes de leurs toiles d'araignée et je crois que tu te réjouiras, riche de tous les biens entassés dans ta maison. Tu attendras dans l'abondance le printemps aux blanches fleurs et tu ne regarderas pas les autres d'un œil jaloux ; ce seront les autres qui auront besoin de toi. Si tu ne laboures la terre féconde que dans le solstice d'hiver, tu pourras moissonner en demeurant assis ; à peine saisiras-tu dans ta main quelques rares épis que tu lieras en javelles inégales, en te traînant dans la poussière et sans te réjouir beaucoup. Tu emporteras la moisson dans une corbeille et tu seras pour peu de monde un sujet d'envie. L'esprit de Jupiter maître de l'égide passe aisément d'une pensée à une autre, et il est difficile aux hommes de pénétrer ses desseins. Si tu ne laboures que tard, le mal n'est pourtant pas sans remède. Dès que le coucou chante dans le feuillage du chêne, et réjouit les mortels sur la terre immense, si Jupiter ne cesse de pleuvoir pendant trois jours et si l'eau ne reste pas au-dessous du sabot de tes bœufs sans toutefois le surpasser, le dernier labourage sera aussi heureux que le premier. Retiens tous ces préceptes dans ta mémoire. Observe attentivement l'approche du printemps aux blanches fleurs et la saison des pluies.

Dans l'hiver, lorsqu'un froid violent tient les hommes renfermés, passe, sans t'arrêter devant les ateliers de forgerons et les lieux publics aux brûlants foyers. L'homme laborieux sait accroître son bien même dans cette saison. Ne te laisse donc point accabler par les rigueurs d'un hiver cruel et de la pauvreté. Crains d'être réduit à presser d'une main amaigrie tes pieds gonflés par le jeûne. Le paresseux se repaît de vaines illusions et, manquant du nécessaire, médite en son esprit de coupables actions. L'indigent, privé de moyens d'existence, reste assis dans les lieux publics, et nourrit l'espérance du mal. Au milieu de l'été, dis à tes esclaves : « L'été ne durera pas toujours, construisez vos demeures. » Redoute le mois Lénéon, ces mauvais jours tous funestes aux bœufs, et les glaces dangereuses qui couvrent la campagne lorsque, venu de la Thrace nourrice des chevaux, l'impétueux Borée agite de son souffle les flots de la vaste mer, resserre la terre et les bois, et déchaîné sur cette terre féconde, déracine dans les gorges des montagnes les chênes à la cime élevée et les énormes sapins, en faisant mugir au loin les immenses forêts. Les bêtes sauvages frissonnent et ramènent sous leur ventre leur queue engourdie malgré l'épaisseur de leurs poils qui ne les garantit pas des attaques du glacial Borée. Ce vent pénètre sans obstacle à travers le cuir du bœuf et les longs poils de la chèvre ; cependant la force de son souffle ne perce point la laine touffue des brebis. Le froid courbe le vieillard, mais il respecte la peau tendre de la jeune fille qui, tranquille dans ses foyers auprès de sa mère, encore ignorante des plaisirs de Vénus à la parure d'or, après avoir lavé dans une onde pure et parfumée d'une huile luisante ses membres délicats, dort renfermée, la nuit, dans la maison natale, à l'abri des rigueurs de l'hiver, tandis que le polype se ronge les pieds dans sa demeure glacée, au fond de sa triste retraite ; car le soleil ne lui montre pas d'autre nourriture à saisir, le soleil qui se tourne vers les contrées et les villes des peuples à la noire couleur et brille moins longtemps pour tous les Grecs. Alors les monstres des forêts, armés ou dépourvus de cornes, grincent des dents et fuient à travers les épaisses broussailles ; tous les animaux qui habitent des tanières profondes et des antres dans les rochers, ne songent qu'à chercher ces abris ; pareils à l'homme à trois pieds dont les épaules semblent brisées et qui penche son front vers la terre, ils se traînent avec effort, en tâchant d'éviter les blancs flocons de la neige.

Dans cette saison, pour garantir ton corps, revêts, suivant mon conseil, un manteau moelleux et une tunique flottante jusqu'aux talons ; enveloppe-toi d'un vêtement dont la légère trame est couverte d'une laine épaisse, afin que tes poils hérissés ne se dressent pas sur tes membres frissonnants. Enlace à tes pieds des brodequins formés de la peau d'un bœuf que la force a fait périr et garnis de poils épais dans l'intérieur. Quand le temps de la froidure sera venu, jette sur tes épaules la dépouille des chevreaux premiers-nés et attache-la avec une courroie de bœuf, pour qu'elle te serve de rempart contre la pluie. Couvre ta tête d'un chapeau façonné avec soin et propre à défendre tes oreilles de l'humidité. Car lorsque Borée tombe, l'aurore est froide, et l'air fécond du matin, descendant du ciel étoilé, s'étend sur les travaux des riches laboureurs ; la vapeur émanée du sein des fleuves intarissables, et soulevée au-dessus de la terre par la fureur du vent, tantôt vers le soir retombe en pluie, et tantôt souffle avec violence, tandis que Borée, venu de la Thrace, pousse au loin les épais nuages. Préviens cette tempête et, ton ouvrage terminé, rentre dans ta maison, de peur que du haut des cieux une sombre nuée, t'enveloppant tout entier, ne mouille ton corps et ne trempe tes vêtements. Évite un tel danger ; ce mois de l'hiver est le plus redoutable de tous ; il est funeste aux troupeaux et funeste aux mortels. Alors ne mesure à tes bœufs que la moitié de leur pâture, mais donne plus d'aliments à l'homme ; les longues nuits diminuent les besoins des animaux. Contracte l'habitude pendant l'année entière de régler la nourriture d'après la durée des jours et des nuits, jusqu'à ce que la terre, cette mère commune, te prodigue des fruits de toute espèce.

Quand, soixante jours après la conversion du soleil, Jupiter a terminé le cours de l'hiver, l'étoile Arcture, abandonnant les flots sacrés de l'Océan, se lève et brille la première à l'entrée de la nuit. Bientôt après, la fille de Pandion, la plaintive hirondelle reparaît le matin aux yeux des hommes, lorsque le printemps est déjà commencé. Préviens l'arrivée de l'hirondelle, pour tailler la vigne : cette époque est la plus favorable ; mais, quand le limaçon, fuyant les Pléiades, grimpe de la terre sur les plantes, c'est le temps non pas de fouir la vigne, mais d'aiguiser tes faulx et d'exciter tes esclaves au travail. Fuis le repos sous l'ombrage, fuis le sommeil du matin, dans la saison de la moisson, lorsque le soleil dessèche tous les corps. Alors, dépêche-toi ; rassemble le blé dans ta maison et sois debout au point du jour, afin d'obtenir une récolte suffisante. L'aurore accomplit le tiers de l'ouvrage ; l'aurore accélère le voyage et avance le travail. Partout l'aurore, dès qu'elle se montre, met les hommes en route et place les bœufs sous le joug.

Lorsque le chardon fleurit, lorsque la cigale harmonieuse, assise au sommet d'un arbre, fait entendre sa douce voix en agitant ses ailes, dans la saison du laborieux été, les chèvres sont très-grasses, les vins excellents, les femmes très-lascives et les hommes très-faibles, parce que le Sirius appesantit leur tête et leurs genoux, et dessèche tout leur corps par ses feux ardents. Alors repose-toi à l'ombre des rochers ; bois du vin de Biblos, choisis pour ton repas des gâteaux de fromage, le lait des chèvres qui ne nourrissent plus, la chair d'une génisse qui n'a pas encore été mère et ne broute que les feuilles des bois, ou la chair des chevreaux premiers-nés. Savoure un vin noir et demeure assis sous l'ombrage, rassasié d'une abondante nourriture, le visage tourné vers la pure haleine du zéphyre, aux bords d'une fontaine qui ne cesse d'épancher des flots limpides. Verse dans ta coupe trois portions d'eau et une quatrième de vin. Dès que l'impétueux Orion commencera à paraître, ordonne à tes esclaves de broyer les dons sacrés de Cérès, dans un lieu exposé aux vents, sur une aire aplanie. Mesure le grain et dépose-le soigneusement dans les urnes. Lorsque tu auras chez toi renfermé ta récolte entière, je t'engage à louer un mercenaire sans maison, à chercher une servante sans enfants, car celle qui en a devient trop importune. Procure-toi aussi un chien à la dent dévorante et ne lui épargne point la nourriture, de peur que le voleur qui dort pendant le jour ne vienne t'enlever tes richesses. Amasse le foin et la paille qui te serviront à nourrir durant une année tes bœufs et tes mulets. Mais ensuite laisse reposer les genoux de tes esclaves et dételle tes bœufs.

Lorsque Orion et Sirius seront parvenus jusqu'au milieu du ciel, et que l'Aurore aux doigts de rose contemplera Arcture, ô Persès ! cueille tous les raisins et apporte-les dans ta demeure ; expose-les au soleil dix jours et dix nuits. Conserve-les à l'ombre pendant cinq jours, et le sixième, renferme dans les vases ces présents du joyeux Bacchus. Quand les Pléiades, les Hyades et l'impétueux Orion auront disparu, rappelle-toi que c'est la saison du labourage. Qu'ainsi l'année soit remplie tout entière par des travaux champêtres.

Si le désir de la périlleuse navigation s'est emparé de ton âme, redoute l'époque où les Pléiades, fuyant l'impétueux Orion, se plongent dans le sombre Océan ; alors se déchaîne le souffle de tous les vents ; n'expose pas tes navires aux fureurs de la mer ténébreuse Souviens-toi plutôt, comme je te le conseille, de travailler la terre ; tire le vaisseau sur le continent et assujettis-le de tous côtés avec des pierres qui arrêteront la violence des vents humides. Songe à vider la sentine, pour qu'elle ne soit point gâtée par la pluie de Jupiter. Renferme tous les agrès dans ta maison. Replie avec soin les ailes du vaisseau qui traverse les mers. Suspends au-dessus de la fumée de ton foyer le superbe gouvernail et attends la saison propice aux courses maritimes. Quand elle sera venue, lance à la mer ton léger navire et remplis-le d'une cargaison convenable qui, à ton retour, te procurera des bénéfices. C'est ainsi que notre père, imprudent Persès, naviguait en cherchant un honnête moyen d'existence. Autrefois, abandonnant la Cume d'Éolide, il arriva dans ce pays, après avoir franchi sur un noir vaisseau l'immense étendue de la mer. Il ne fuyait pas la fortune, la richesse et l'opulence, mais la cruelle pauvreté que Jupiter envoie aux hommes. Enfin, il s'établit près de l'Hélicon, dans Ascra, misérable village, affreux l'hiver, incommode l'été, désagréable toujours.

Pour toi, ô Persès ! souviens-toi de ne te livrer à tous les travaux et surtout à la navigation que dans la saison propice. Fais l'éloge d'un petit bâtiment, mais remplis un grand vaisseau de marchandises. Plus la cargaison est considérable, plus tu accumuleras profits sur profits, si toutefois les vents retiennent leur souffle désastreux. Si, tournant vers le commerce ton esprit imprudent, tu veux éviter les dettes et la cruelle famine, je t'enseignerai les moyens d'affronter la mer retentissante, bien que je sois inexpérimenté dans l'art de la navigation. Jamais je n'ai traversé sur un navire la vaste mer que lorsque je vins dans l'Eubée, en quittant Aulis où jadis les Grecs, attendant la fin des tempêtes, avaient rassemblé une nombreuse armée pour voguer de la divine Hellas vers Troie aux belles femmes. Pendant ce voyage, je passai à Chalcis pour disputer les prix du belliqueux Amphidamas, quand ses fils magnanimes proposèrent plusieurs genres de combats. Là je m'enorgueillis d'avoir conquis par mes chants un trépied à deux anses, que je consacrai aux Muses de l'Hélicon, dans les lieux mêmes où, pour la première fois, elles m'avaient inspiré des vers harmonieux. C'est alors seulement que je me confiai aux solides vaisseaux. Cependant je te révélerai les conseils de Jupiter armé de l'égide ; car les Muses m'apprirent à chanter les hymnes célestes.

Cinquante jours après la conversion du soleil, lorsque le laborieux été arrive à son terme, c'est l'époque favorable à la navigation. Tu ne verras aucun vaisseau se briser, et la mer n'engloutira pas les voyageurs, à moins que le prudent Neptune qui ébranle la terre, ou Jupiter, roi des immortels, n'ait résolu leur perte. En effet, les maux et les biens sont tous au pouvoir de ces dieux. Les vents alors sont faciles à distinguer ; la mer est sûre et tranquille. Encouragé par ces vents, lance sur cette mer ton rapide navire, que tu auras soigneusement rempli de marchandises. Mais hâte-toi de revenir dans tes foyers le plus tôt qu'il te sera possible ; n'attends pas le vin nouveau, les inondations de l'automne, l'approche de l'hiver, ni le souffle impétueux du Notus qui, accompagnant les abondantes pluies de Jupiter, rend la mer orageuse et difficile.

On peut encore s'embarquer au printemps, lorsque l'homme voit bourgeonner à la cime du figuier des premières feuilles aussi peu sensibles que les traces d'une corneille qui glisse sur la terre ; alors la mer est accessible. C'est l'époque de la navigation du printemps ; mais je ne l'approuve pas ; elle ne plaît point à mon esprit, parce qu'il faut toujours en saisir l'occasion. Tu auras de la peine à fuir le danger ; néanmoins les hommes s'y exposent follement ; ; car la richesse est la vie même pour les malheureux mortels. Cependant il est cruel de périr dans les flots. Je t'engage à méditer dans le fond de ta pensée tous les conseils que je te donne. Ne va point placer ta fortune entière sur tes profonds vaisseaux ; laisse le plus grand nombre de tes biens et n'emporte que la moindre partie. Il est aussi terrible de rencontrer sa perte dans les vagues de la mer, que si, après avoir placé sur un chariot un fardeau trop pesant, tu voyais se briser son essieu et se perdre toutes les marchandises.

Agis toujours avec prudence. L'occasion en toute chose est ce qui vaut le mieux. Conduis une épouse dans ta maison, quand tu n'auras ni beaucoup moins, ni beaucoup plus de trente ans : c'est l'âge convenable pour l'hymen. Que ta femme soit nubile depuis quatre ans, et se marie la cinquième année. Epouse-la vierge, afin de lui apprendre des mœurs chastes. Choisis surtout celle qui habite près de toi. Examine attentivement tout ce qui l'entoure, pour que ton mariage n'excite pas la risée de tes voisins. Car s'il n'est pas pour l'homme un plus grand bien qu'une vertueuse femme, il n'est pas un plus cruel fléau qu'une femme vicieuse qui, ne recherchant que les festins, brûle sans flambeau l'époux le plus vigoureux et le réduit à une vieillesse prématurée.

Respecte toujours la puissance des bienheureux immortels. Ne rends pas ton ami l'égal de ton frère, ou, si tu agis ainsi, ne lui fais jamais tort le premier. Ne mens pas pour le plaisir de parler. Si ton ami commence à t'offenser par ses discours ou par ses actions, souviens-toi de le punir deux fois. Si, jaloux de rentrer dans ton amitié, il t'offre lui-même satisfaction, reçois-la. On est trop malheureux quand on change d'ami trop souvent. Que jamais ton visage ne trahisse ta pensée. Ne cherche point à passer pour un homme qui reçoit beaucoup d'hôtes, ni pour un homme qui n'en reçoit aucun. Ne sois ni le compagnon des méchants, ni le calomniateur des gens de bien. Garde-toi de reprocher à personne la pauvreté qui dévore l'âme, la pauvreté, ce funeste présent des bienheureux immortels. Une langue avare de discours est un trésor parmi les hommes. C'est la mesure des paroles qui en compose la grâce la plus précieuse. Si tu es médisant, bientôt on médira de toi davantage. Ne sois pas morose dans ces festins que de nombreux amis célèbrent en commun ; le plaisir en est très-grand et la dépense très-petite. Au lever de l'aurore, ne consacre point avec des mains impures un vin noir à Jupiter et aux autres immortels ; ils ne t'écouteraient pas et repousseraient les prières. Quand tu veux uriner, ne reste pas debout, tourné contre le soleil, et même depuis le coucher de cet astre jusqu'à son lever, ne le fais pas en marchant au milieu ou en dehors du chemin, ni en te découvrant. Les nuits appartiennent aux dieux. L'homme sage et pieux satisfait ce besoin lorsqu'il est assis, ou qu'il s'approche du mur d'une cour étroitement fermée.

Dans ta maison ne va point, tout souillé d'une humide semence, te découvrir devant le foyer ; évite une telle indécence. Engendre la postérité non pas au retour d'un repas funèbre au sinistre présage, mais après le festin des dieux. Ne traverse jamais à pied le limpide courant des fleuves intarissables, avant d'avoir prié à l'aspect de leurs belles eaux et lavé tes mains dans ces ondes transparentes de blancheur. L'homme impie qui traverse un fleuve sans y purifier ses mains provoque la colère des dieux et s'attire des malheurs dans l'avenir. Dans le festin solennel des dieux, ne sépare jamais avec le noir couteau les vieux ongles des ongles encore neufs. Ne place pas l'urne du vin au-dessus de la coupe des buveurs ; car cette action deviendrait un présage fatal.

Quand tu bâtis une maison ne la laisse pas imparfaite de peur que la criarde corneille ne croasse du haut des murs. Garde-toi de manger ou de te laver dans les vases non encore consacrés ; ce délit t'exposerait au châtiment. Ne laisse pas s'asseoir sur l'immobile pierre des tombeaux un enfant de douze ans ; ce serait mal agir et tu n'en ferais qu'un homme sans vigueur ; n'y place pas non plus un enfant de douze mois : l'inconvénient serait le même. Homme ne lave pas ton corps dans le bain des femmes ; autrement tu subirais un jour une punition sévère. Si tu arrives au milieu d'un sacrifice déjà commencé, ne le moque point des mystères ; la divinité s'en irriterait. Ne va point uriner dans le courant des fleuves qui coulent vers la mer, ni dans l'eau des fontaines ; garde-toi de les profaner ainsi. N'y satisfais pas également d'autres besoins ; une telle action ne serait pas plus louable. Évite une mauvaise renommée parmi tes semblables. La renommée est dangereuse ; son fardeau est léger à soulever, pénible à supporter et difficile à déposer. La renommée que des peuples nombreux répandent au loin, ne périt jamais tout entière ; car elle est aussi elle-même une divinité.

Observe les jours d'après l'ordre établi par Jupiter, pour les apprendre à tes esclaves ; le trentième du mois est le plus convenable pour l'inspection de leurs travaux et le partage de leur salaire, lorsque les peuples rassemblés entendent les arrêts de la justice. Voici les jours qui viennent du prudent Jupiter : d'abord le premier de la nouvelle lune, le quatrième et le septième, jour sacré où Latone enfanta Apollon au glaive d'or. Le huitième et le neuvième du mois qui grandit conviennent aux affaires domestiques. Le onzième et le douzième sont favorables tous les deux, l'un à la tonte des brebis, l'autre à la récolte des joyeux fruits de la terre. Mais le douzième est bien préférable au onzième. C'est alors que l'araignée au léger vol file sa trame dans les airs, durant les grands jours de l'été, lorsque la fourmi ramasse ses provisions. Que la femme en ce jour prépare sa toile et entreprenne son ouvrage.

N'ensemence pas la terre le treizième jour du mois commencé ; ce jour n'est favorable qu'aux plantations ; le seizième leur est entièrement contraire ; il est propice à la génération des mâles, mais nuisible, soit à la procréation des filles, soit à leur mariage. Le sixième ne vaut rien non plus pour engendrer des filles, il est bon pour châtrer les chevreaux et les béliers et pour entourer d'une enceinte les bergeries. Ce jour est heureux pour la conception des enfants mâles ; il aime les injurieux propos, les mensonges, les paroles flatteuses et les secrets entretiens.

Le huitième jour du mois, tu peux châtrer les chevreaux et les bœufs mugissants et, le douzième, les mulets laborieux. Le vingtième, pendant les grands jours, tu engendreras un fils doué d'une âme sage et prudente. Le dixième est propre à la génération des hommes, le quatorzième à celle des filles. Apprivoise en ce jour les brebis, les bœufs aux pieds flexibles et aux cornes recourbées, les chiens à la dent dévorante et les mulets laborieux, en les caressant de la main. Le quatrième et le vingt-quatrième jours du mois qui commence et qui finit, songe à fuir les chagrins dévorants ; ce sont des jours sacrés. Le quatrième, conduis ton épouse dans ta maison, après avoir interrogé le vol des oiseaux ; tel est le meilleur augure pour l'hymen. Évite les cinquièmes jours qui sont funestes et terribles. Car alors on dit que les Furies parcourent la terre, en vengeant Horcus que la Discorde enfanta pour le châtiment des parjures. Le dix-septième, visite soigneusement les dons sacrés de Cérès et jette-les au vent dans une aire aplanie. Coupe les bois destinés à la construction des maisons et à l'armement des navires. Commence, le quatrième, à construire tes légers vaisseaux. Le dix-neuvième après midi est le jour le plus favorable ; le neuvième n'est nullement dangereux pour les mortels ; il est bon pour planter, propice à la génération, pour les hommes comme pour les femmes : ce n'est jamais un mauvais jour. Peu de personnes savent que le vingt-neuvième est excellent pour percer un tonneau, pour soumettre au joug les bœufs, les mulets, les chevaux aux pieds légers et pour lancer sur la sombre mer un rapide vaisseau à plusieurs rangs de rameurs. Peu de personnes l'appellent un jour d'heureux présage. Le quatrième, ouvre les tonneaux ; à midi ce jour est sacré par-dessus tous les autres. Quelques-uns regardent le vingtième au lever de l'aurore comme le meilleur du mois ; car le soir il devient défavorable.

Tels sont les jours utiles aux hommes ; les autres sont indifférents ; ils ne présagent et n'apportent rien. Chacun loue tantôt l'un, tantôt l'autre ; mais peu savent les apprécier. La journée est souvent une marâtre et souvent une mère. Heureux, heureux le sage mortel qui, instruit de toutes ces vérités, travaille sans cesse, irréprochable envers les dieux, observant le vol des oiseaux et fuyant les actions impies !

FIN DES TRAVAUX ET DES JOURS.

3

LE BOUCLIER D'HERCULE

Ou telle, abandonnant sa maison et la terre de la patrie, la fille d'Électryon, de ce chef belliqueux des peuples, Alcmène arriva dans Thèbes avec l'intrépide Amphitryon, Alcmène qui surpassait toutes les femmes au sein fécond par la beauté de son visage et par la grandeur de sa taille. Aucune de ces femmes que les mortelles enfantèrent en s'unissant à des époux mortels ne pouvait lui disputer le prix de la sagesse. Dans sa haute chevelure, dans ses noires paupières respirait une grâce semblable à celle de Vénus à la parure d'or et, dans le fond de son cœur, elle aimait son époux comme jamais aucune femme n'avait aimé le sien. Cependant ce guerrier furieux en disputant des bœufs au noble père d'Alcmène, vainqueur l'avait fait périr par la force. Contraint de fuir sa patrie, il était venu dans Thèbes demander un asile aux enfants de Cadmus, porteurs de boucliers : c'est là qu'il demeurait avec sa pudique épouse, mais privé des aimables plaisirs de l'hyménée ; car il lui était défendu de monter sur la couche de la fille d'Électryon, d'Alcmène aux pieds charmants, avant d'avoir vengé le meurtre des généreux frères de son épouse et livré à la flamme dévorante les villages des belliqueux Taphiens et des Téléboens. Telle était la loi de son hymen et les dieux en avaient été les garants ; dans la crainte de leur colère, il s'empressait d'accomplir sans retards le grand ouvrage que lui avait imposé la volonté céleste. Sur ses pas s'avançaient des soldats avides de guerre et de carnage, les Béotiens, ces dompteurs de chevaux, respirant par-dessus leurs boucliers, les Locriens habiles à combattre de près, et les magnanimes Phocéens : le noble enfant d'Alcée marchait fier de ces peuples.

Mais le père des dieux et des hommes, concevant dans son âme un autre projet, voulait engendrer pour ces dieux et pour ces hommes industrieux un héros qui les défendît contre le malheur. Il s'élança de l'Olympe, méditant la ruse au fond de sa pensée et désirant coucher, une nuit, auprès d'une femme à la belle ceinture. Le prudent Jupiter se rendit sur le Typhaon, d'où il monta jusqu'à la plus haute cime du Phicius. Là il s'assit et roula encore dans son esprit ses merveilleux desseins. Durant la nuit il s'unit d'amour avec la fille d'Électryon, Alcmène aux pieds charmants et satisfit son désir. Cette même nuit, le chef belliqueux des peuples, Amphitryon, cet illustre héros, content d'avoir terminé son grand ouvrage, revint dans sa maison. Avant de visiter ses esclaves et les rustiques gardiens de ses troupeaux, il monta sur la couche de son épouse, tant une violente passion agitait le cœur de ce pasteur des peuples ! Tel un homme échappe plein de joie aux tourments d'une douloureuse maladie ou d'un cruel esclavage : ainsi Amphitryon, délivré d'une entreprise difficile, rentra dans sa maison avec empressement et avec plaisir. Toute la nuit il coucha près de sa pudique épouse, jouissant des présents de Vénus à la parure d'or. Amoureusement domptée par un dieu et par le plus illustre des mortels, Alcmène enfanta dans Thèbes aux sept portes des jumeaux doués d'un esprit différent, quoique frères ; l'un inférieur au reste des hommes, l'autre courageux et terrible parmi tous les héros, le puissant Hercule. Tous deux avaient été engendrés, Hercule par Jupiter, qui rassemble les sombres nuages, Iphiclès par Amphitryon, chef belliqueux des peuples. Leur origine n'était pas la même : leur mère avait conçu l'un d'un mortel et l'autre du fils de Saturne, de Jupiter, maître de tous les dieux.

Hercule tua le fils de Mars, le magnanime Cycnus. Dans un bois consacré à Apollon qui lance au loin ses traits, il trouva Cycnus et Mars, son père, ce dieu insatiable de combats, couverts d'armes étincelantes comme les éclairs de la flamme, et debout sur un char. Leurs agiles coursiers frappaient du pied la terre, et sous les pas de ces coursiers la poussière tourbillonnait autour du char magnifique dont leur rapide vol faisait retentir les roues. Le brave Cycnus se réjouissait, espérant immoler le belliqueux enfant de Jupiter avec son écuyer et les dépouiller de leur glorieuse armure. Mais Phébus-Apollon n'exauça point ses vœux : car il excita contre lui le puissant Hercule. Partout le bois sacré et l'autel d'Apollon Pagaséen brillaient du vif éclat que répandaient les armes de Mars et la présence d'un si terrible dieu. De ses yeux semblait jaillir une ardente flamme. Quels mortels, excepté Hercule et l'illustre Iolaüs, auraient osé s'élancer à sa rencontre ? Ces deux héros en effet étaient doués d'une grande force, et des bras invincibles, attachés à leurs épaules, s'allongeaient sur leurs membres robustes. Alors Hercule adressa la parole à son écuyer, au courageux Iolaüs :

« Iolaüs ! héros, le plus cher de tous les humains, sans doute Amphitryon s'était rendu coupable envers les bienheureux immortels habitants de l'Olympe lorsque, laissant Tirynthe aux palais magnifiques, il vint dans Thèbes couronnée de beaux remparts, après avoir tué Électryon à qui il disputa des bœufs au front large. C'est là qu'il se réfugia auprès de Créon et d'Hénioché au long voile, qui l'accueillirent avec bienveillance, lui prodiguèrent tous les secours dus aux suppliants et le chérirent chaque jour davantage. Il vivait heureux et fier de son épouse, d'Alcmène aux pieds charmants, lorsque les années étant révolues, nous naquîmes ton père et moi, différents tous deux de stature et de caractère. Jupiter égara l'esprit de ton père qui abandonna sa maison et les auteurs de ses jours, pour servir le coupable Eurysthée. Le malheureux ! plus tard il en gémit profondément et déplora sa faute ; mais cette faute est irréparable. Pour moi, le destin m'imposa de pénibles travaux. Ami ! hâte-toi de saisir les brillantes rênes de mes coursiers aux pieds rapides, et, l'âme remplie d'une noble confiance, pousse en avant le char léger et les chevaux vigoureux, sans redouter le bruit de l'homicide Mars. Maintenant il fait retentir de ses cris de rage le bois sacré d'Apollon, qui lance au loin ses traits ; mais quelle que soit sa force, il sera bientôt rassasié des fureurs de la guerre.

« Respectable ami ! répondit l'irréprochable Iolaüs, combien ta tête est honorée par le père des dieux et des hommes, et par Neptune Tauréen qui protège les remparts et défend la ville de Thèbes, puisqu'ils font tomber entre tes mains un héros si grand et si fort, pour te procurer une gloire immortelle ! Revêts donc tes belliqueuses armes et combattons soudain en mettant aux prises le char de Mars et le nôtre. Mars ne saurait effrayer ni l'inébranlable enfant de Jupiter, ni celui d'Iphiclès ; je crois plutôt qu'il fuira les deux rejetons de l'irréprochable fils d'Alcée, les deux héros qui sont là, brûlant d'une noble ardeur et tout prêts à combattre, car ils aiment bien mieux la guerre que les festins. »

Il dit et le puissant Hercule sourit en se réjouissant dans son cœur, parce qu'il venait d'entendre un langage généreux. Soudain volèrent de sa bouche ces paroles ailées :

« Iolaüs ! héros nourrisson de Jupiter, voici l'instant du terrible combat. Si tu te montras toujours habile, aujourd'hui encore dirige avec adresse cet Arion, ce grand coursier aux crins noirs et seconde-moi de toutes tes forces. »

À ces mots il enlaça à ses jambes les brodequins d'un orichalque splendide, glorieux présent de Vulcain ; puis il ceignit sa poitrine de cette belle cuirasse d'or, magnifique chef-d'œuvre que lui donna Minerve, fille de Jupiter, lorsque pour la première fois il s'élança vers les combats meurtriers. Ce redoutable guerrier suspendit encore à ses épaules le fer qui repoussait le trépas et il jeta derrière lui le carquois profond rempli de flèches horribles, messagères de la mort, qui étouffe la voix de ses victimes ; cette mort semblait attachée à leurs pointes trempées de larmes ; polies et longues par le milieu, elles étaient revêtues à leur extrémité des ailes d'un aigle noir. Le héros prit la forte lance armée d'airain et sur sa tête guerrière posa le superbe casque d'acier qui, travaillé avec art, s'ajustait à ses tempes et protégeait le front du divin Hercule.

Enfin il saisit dans ses mains ce bouclier aux diverses figures, que les flèches d'aucun mortel ne purent jamais ni rompre ni traverser, ce boucher merveilleux, tout entier entouré de gypse, orné d'un blanc ivoire, étincelant d'un ambre jaune et d'un or éclatant ; garni de lames bleues qui s'y croisaient de toutes parts.

Au milieu se dressait un dragon qui inspirait une terreur indicible et lançait en arrière des regards brûlants comme le feu. Sa gueule était remplie de dents blanches, cruelles, insaisissables. Sur son front menaçant voltigeait l'odieuse Éris, cette inhumaine déesse qui, excitant le trouble et le carnage, égarait l'esprit des guerriers assez hardis pour attaquer le fils de Jupiter ; leurs âmes descendaient dans la demeure souterraine de Pluton, et sur la terre leurs ossements pourrissaient, dépouillés de leurs chairs et dévorés par le brûlant Sirius. Là se heurtaient la Poursuite et le Retour ; là s'agitaient le Tumulte et la Fuite ; là s'échauffait le Carnage ; là couraient en fureur Éris et le Désordre. La cruelle Parque saisissait tantôt un guerrier vivant, mais qui venait d'être blessé ou un autre qui ne l'était pas encore, tantôt un cadavre qu'elle traînait par les pieds à travers la bataille. Sur ses épaules flottait sa robe souillée de sang humain ; elle roulait des yeux effrayants et poussait des clameurs aiguës. Là paraissaient encore les têtes de douze serpents hideux, funestes à nommer, et terribles sur la terre pour tous les hommes qui osaient attaquer l'enfant de Jupiter ; leurs dents s'entre-choquaient avec de longs sifflements, tandis que le fils d'Amphitryon combattait. Un art merveilleux avait nuancé les corps de ces épouvantables dragons ; l'œil distinguait et les taches bleues de leurs dos et la noirceur de leurs mâchoires profondes.

On voyait aussi des sangliers sauvages et des lions qui s'entre-regardaient avec fureur, et, rangés par troupes, se précipitaient en foule les uns sur les autres : ils ne s'inspiraient mutuellement aucun effroi ; mais leurs cous se hérissaient de poils ; car déjà un grand lion avait été abattu, et près de lui deux sangliers étaient tombés privés de la vie ; de leurs plaies un sang noir s'épanchait sur la terre, et la tête renversée, ils gisaient morts sous leurs terribles vainqueurs. Cependant les deux troupes brûlaient encore de combattre ; une nouvelle ardeur enflammait les sangliers sauvages et les farouches lions.

Ailleurs s'offrait le combat des belliqueux Lapithes qui entouraient le roi Cénée, Dryas, Pirithoüs, Hoplée, Exadius, Phalère, Prolochus, le Titarésien Mopsus, fils d'Ampyx, rejeton de Mars et Thésée fils d'Égée, semblable aux immortels ; tous, formés d'argent, portaient des armures d'or. De l'autre côté, les Centaures ennemis se rassemblaient autour du grand Pétréus, du devin Asbole, d'Arctus, d'Hurius, de Mimas aux noirs cheveux, et des deux enfants de Peucis, Périmède et Dryale : formés aussi d'argent, tous avaient des massues d'or entre leurs mains. Les deux partis s'attaquaient, comme s'ils eussent été vivants et ils combattaient de près, armés de lances et de massues. Les coursiers aux pieds rapides du cruel Mars étaient figurés en or ; au milieu de la mêlée ce dieu, ravisseur de butin, ce dieu funeste frémissait, une pique à la main, excitant les soldats, couvert de sang, dépouillant les vaincus qui paraissaient respirer encore et triomphant du haut de son char. Près de lui se tenaient la Terreur et la Fuite, impatientes de se mêler au combat des héros. La belliqueuse fille de Jupiter, Pallas Tritogénie semblait vouloir allumer le feu des batailles ; une lance brillait dans ses mains, un casque d'or sur sa tête, et l'égide sur ses épaules. Ainsi armée, elle se précipitait vers la guerre terrible.

Ici on contemplait le chœur sacré des immortels ; au milieu de ce chœur le fils de Jupiter et de Latone tirait de sa lyre d'or des sons ravissants qui perçaient la voûte de l'Olympe, séjour des dieux. Autour de la céleste assemblée s'élevait en cercle un monceau d'innombrables trésors ; et dans cette lutte divine, les Muses de la Piérie chantaient les premières, comme si elles faisaient entendre une voix harmonieuse.

Là sur la mer immense s'arrondissait un port à l'entrée facile, composé de l'étain le plus pur et rempli de flots écumants. Au milieu, de nombreux dauphins paraissaient nager çà et là, en épiant les poissons ; deux dauphins d'argent, soufflant l'eau par leurs narines, dévoraient les muets habitants de l'onde, et sous leurs dents se débattaient les poissons d'airain. Un pêcheur les contemplait, assis sur le rivage, et balançait dans ses mains un filet qu'il semblait prêt à lancer.

Plus loin, le fils de Danaë à la belle chevelure, Persée, ce dompteur de chevaux, ne touchait pas le bouclier de ses pieds rapides et n'en était pas très-loin ; par un incroyable prodige, il n'y tenait d'aucun côté. Ciselé en or par les mains de l'illustre Vulcain, il portait des brodequins ailés, et le glaive d'airain à la noire poignée, suspendu au baudrier, brillait sur ses épaules ; il volait comme la pensée. Tout son dos était couvert par la tête de la cruelle Gorgone : autour de cette tête voltigeait, ô merveille ! un sac d'argent d'où tombaient des franges d'or au loin étincelantes. Sur le front du héros s'agitait le formidable casque de Pluton, enveloppé des épaisses ténèbres de la nuit. Le fils de Danaë lui-même s'allongeait en courant, semblable à un homme qui précipite sa fuite tout frissonnant de terreur ; sur ses pas s'élançaient les monstres insaisissables et funestes à nommer, les Gorgones, impatientes de l'atteindre. Dans leur élan impétueux, l'acier pâle du bouclier retentissait d'un bruit aigu et perçant. À leurs ceintures pendaient deux dragons qui courbaient leurs têtes, dardaient leurs langues, entre-choquaient leurs dents avec fureur et lançaient de farouches regards. Sur les épouvantables têtes de ces Gorgones planait une grande terreur. Là combattaient deux peuples couverts de leurs belliqueuses armes, les uns cherchant à repousser la mort loin de leur cité et de leur famille, les autres avides de meurtre et de ravage. Plusieurs guerriers étaient déjà tombés, sans vie ; un plus grand nombre soutenait le choc des combats. Du haut des tours magnifiques, les femmes poussaient des clameurs aiguës, se meurtrissaient les joues et semblaient vivantes, grâce au talent de l'illustre Vulcain. Les hommes qui avaient atteint la vieillesse, rassemblés hors des portes, élevaient leurs mains vers les bienheureux immortels et tremblaient pour leurs fils. Ceux-ci combattaient sans relâche et derrière eux les noires Destinées, entre-choquant leurs dents éclatantes de blancheur, ces déesses à l'œil farouche, hideuses, ensanglantées, invincibles, se disputaient les guerriers couchés sur l'arène. Toutes, altérées d'un sang noir, étendaient leurs larges ongles sur le premier soldat qui tombait mort ou récemment blessé, et les âmes des victimes étaient précipitées dans la demeure de Pluton, dans le froid Tartare. À peine rassasiées de sang humain, elles rejetaient derrière elles les cadavres et retournaient à grands pas au milieu du tumulte et du carnage. Là paraissaient Clotho, Lachésis, et plus bas Atropos qui sans être une grande déesse, était plus puissante et plus âgée que ses sœurs. Toutes les trois, acharnées sur le même guerrier, se lançaient mutuellement d'horribles regards, et, dans leur fureur, entrelaçaient leurs ongles et leurs mains audacieuses. À leurs côtés se tenait la Tristesse désolée, horrible, pâle, desséchée, consumée par la faim, chancelant sur ses épais genoux. De ses mains s'allongeaient des ongles démesurés ; une impure émanation s'échappait de ses narines et le sang coulait de ses joues sur la terre. Debout, elle grinçait des dents avec un bruit terrible et ses épaules étaient couvertes des tourbillons d'une poussière humide de larmes.

Auprès s'élevait une cité munie de superbes tours et de sept portes d'or attachées à leurs linteaux. Les habitants s'y livraient aux plaisirs et à la danse. Sur un char aux belles roues ils conduisaient une jeune vierge à son époux et de toutes parts retentissaient les chants d'hyménée. On voyait au loin se répandre la clarté des flambeaux étincelants dans la main des esclaves. Florissantes de beauté, des femmes précédaient le cortège et des groupes joyeux les accompagnaient en dansant. Des chanteurs mariaient aux chalumeaux sonores leur voix légère et flexible, qui perçait les échos d'alentour, et un chœur gracieux voltigeait, guidé par les sons de la lyre. D'un autre côté les jeunes garçons se divertissaient aux accords de la flûte ; les uns goûtaient les plaisirs du chant et de la danse ; les autres riaient en contemplant ces jeux et chacun s'avançait précédé d'un musicien habile. Enfin, la joie, la danse et les amusements animaient la ville tout entière. Devant les remparts des écuyers couraient montés sur leurs chevaux. Des laboureurs fendaient le sein d'une terre fertile, en relevant leurs tuniques. Dans un champ couvert de blés, des ouvriers moissonnaient les tiges hérissées de pointes aiguës et chargées de ces épis, don précieux de Cérés, tandis que leurs compagnons les liaient en javelles et remplissaient l'aire de leurs monceaux. Ailleurs, ceux-ci, armés de la serpe, récoltaient les fruits de la vigne ;

ceux-là, recevant de la main des vendangeurs les grappes blanches ou noires cueillies sur les grands ceps aux feuilles épaisses et aux rameaux d'argent, les entassaient au fond des corbeilles que d'autres emportaient. Non loin de là, rangés avec ordre et figurés en or, des plants nombreux, chefs-d'œuvre de l'industrieux Vulcain, s'élevaient couverts de pampres mobiles, soutenus par des échalas d'argent et chargés de grappes qui semblaient noircir. Les uns foulaient le raisin, les autres goûtaient le vin nouveau. On voyait encore des athlètes s'exercer à la lutte et au pugilat. Quelques chasseurs poursuivaient des lièvres agiles, et deux chiens à la dent acérée couraient en avant, impatiens de saisir ces animaux qui cherchaient à leur échapper. Près de cette chasse, des écuyers se disputaient le prix avec une ardente rivalité ; debout sur leurs chars magnifiques, ils lançaient leurs légers coursiers et leur lâchaient les rênes : ces solides chars volaient en bondissant et les moyeux des roues retentissaient au loin. Cependant les rivaux redoublaient d'efforts ; la victoire ne se déclarait pas et le combat restait indécis. Dans la lice brillait à tous les yeux un grand trépied d'or, glorieux ouvrage de l'habile Vulcain.

Enfin l'Océan, qui semblait rempli de flots, coulait de toutes parts autour du superbe bouclier. Des cygnes au vol rapide jouaient à grand bruit au milieu de ces flots ; plusieurs nageaient sur la surface des vagues et les poissons s'agitaient autour d'eux, spectacle surprenant même pour le dieu du tonnerre qui avait commandé à l'adroit Vulcain cette vaste et solide armure ! Le généreux fils de Jupiter la saisit avec ardeur et d'un saut léger s'élança sur le char, pareil à la foudre de son père qui porte l'égide. Son valeureux écuyer, Iolaüs, assis sur le siège, conduisait le char recourbé. Alors la déesse aux yeux bleus, Minerve s'approcha des deux héros et pour les animer encore, fit voler de sa bouche ces paroles ailées : « Salut, ô descendants du fameux Lyncée ! Puisse le roi des bienheureux immortels, Jupiter, vous donner aujourd'hui la force d'immoler Cycnus et de le dépouiller de sa glorieuse armure ! Mais, écoute mes conseils, Hercule, ô toi, le plus courageux des hommes ! Quand tu auras privé Cycnus de la douce existence, laisse-le avec ses armes étendu sur l'arène. Observe l'approche de Mars, ce fléau des mortels, et frappe-le de ta lance acérée à l'endroit que tu verras nu sous le magnifique bouclier. Après, éloigne-toi ; car le sort ne te permet point de t'emparer de ses chevaux, ni de sa glorieuse armure. »

À ces mots, la puissante déesse monta promptement sur le char, portant la victoire et la gloire dans ses mains immortelles. Alors, d'une voix terrible, Iolaüs, issu de Jupiter, excita les chevaux qui, effrayés de ses menaces, emportèrent le rapide char en couvrant la plaine de poussière. Minerve aux yeux bleus, secouant son égide, leur avait inspiré une nouvelle ardeur et la terre gémissait sous leurs pas.

Cependant Cycnus, ce dompteur de coursiers, et Mars, insatiable de combats, s'avançaient de front, semblables à la flamme ou à la tempête. Les chevaux des deux chars, arrivés les uns devant les autres, poussèrent des hennissements aigus qui perçaient les échos d'alentour. Le puissant Hercule parla ainsi le premier :

« Lâche Cycnus ! pourquoi diriger ces rapides coursiers contre des hommes endurcis comme nous par le travail et par la souffrance ? Détourne ton char éclatant et cède-moi le chemin. Je vais à Trachine, auprès du roi Ceyx, qui, puissant et respecté, règne dans cette ville : tu le sais par toi-même, puisque tu as épousé sa fille, Thémisthonoë aux yeux noirs. Lâche ! Mars ne repoussera pas la mort loin de toi, si nous nous mesurons tous les deux. Jadis, il éprouva le pouvoir de ma lance lorsque, me disputant la sablonneuse Pylos, il osa me résister, dans son insatiable ardeur de guerre et de carnage. Blessé trois fois, il se vit forcé de s'appuyer contre la terre ; j'avais déjà frappé son bouclier, lorsque du quatrième coup je lui perçai la cuisse, en l'accablant de toute ma force ; je déchirai sa chair de part en part, et, le front dans la poussière, il tomba sous le choc de ma lance. Alors, couvert de honte, il retourna parmi les immortels, laissant entre mes mains ses dépouilles sanglantes. »

Il dit, mais le belliqueux Cycnus ne voulut pas, docile à la demande d'Hercule, détourner ses vigoureux coursiers. Aussitôt le fils du grand Jupiter et le fils du terrible Mars s'élancèrent du haut de leurs solides chars. Les écuyers rapprochèrent les chevaux à la belle crinière et sous le choc de leurs pas la vaste terre gémit profondément. Comme, du faîte élevé d'une grande montagne, de lourds rochers se précipitent en roulant les uns sur les autres, et dans leur rapide chute entraînent un grand nombre de chênes à la haute chevelure, de pins et de peupliers aux profondes racines, jusqu'à ce que ces confus débris arrivent tous dans la plaine : ainsi les deux héros s'attaquèrent avec des cris effrayants. Toute la ville des Myrmidons, la célèbre Iaolchos, Arné, Hélice, Anthée aux gras pâturages retentirent des longs éclats de leur voix ; car ils s'entre-choquèrent en poussant d'incroyables clameurs. Le prudent Jupiter fit gronder au loin son tonnerre et laissa tomber du ciel des gouttes de sang, pour donner à son fils intrépide le signal du combat. Lorsque, dans les gorges d'une montagne, un sanglier à l'aspect farouche, aux dents menaçantes, brûle de combattre une troupe de chasseurs, la tête baissée, il aiguise contre eux ses blanches défenses ; l'écume ruisselle de sa gueule prête à les déchirer ; ses yeux ressemblent à la flamme étincelante, et sur son dos, sur son cou se dressent ses poils frémissants : tel le fils de Jupiter s'élança de son char. C'était la saison où la bruyante cigale aux noires ailes, assise sur un verdoyant rameau, commence à prédire aux hommes par ses chants le retour de l'été, la cigale, qui choisit pour boisson et pour nourriture la féconde rosée, et depuis l'aurore jusqu'au déclin du jour ne cesse de faire entendre sa voix, au milieu de la plus ardente chaleur, lorsque le Sirius dessèche tous les corps ; c'était la saison où le millet, semé dans l'été, se couronne d'épis, où l'on voit se colorer ces verts raisins que Bacchus donne aux humains pour leur joie et pour leur malheur : c'était alors que ces héros combattaient, et leurs tumultueuses clameurs retentissaient de toutes parts. Tels deux lions, se disputant une biche qui vient de périr, s'élancent furieux l'un contre l'autre ; ils poussent d'affreux rugissements et leurs dents s'entre-choquent : tels encore, sur une roche élevée, deux vautours aux serres aiguës, aux becs recourbés, combattent à grands cris pour une chèvre des montagnes ou pour la grasse dépouille d'une biche sauvage, que tua la flèche lancée par l'arc d'un jeune chasseur ; tandis que ce chasseur s'égare, incertain de sa route, ils s'en aperçoivent aussitôt et commencent une lutte opiniâtre : ainsi les deux rivaux se jetèrent, en criant, l'un sur l'autre. Cycnus, impatient d'immoler le fils du puissant Jupiter, frappa son bouclier d'un javelot d'airain, mais sans pouvoir le briser ; car les présents de Vulcain défendaient Hercule. Le fils d'Amphitryon, le puissant Hercule, lançant rapidement sa longue javeline, atteignit Cycnus au-dessous du menton, entre le casque et le bouclier, à l'endroit où le cou restait découvert ; la pointe homicide lui trancha les deux muscles, car son vainqueur l'avait accablé d'un coup violent. Il tomba comme un chêne ou un roc élevé frappé par la brûlante foudre de Jupiter. Dans sa chute, retentirent autour de lui ses armes étincelantes d'airain. Le fils patient de Jupiter abandonna sa victime, et voyant s'avancer Mars, ce fléau des humains, lui lança de farouches regards. Lorsqu'un lion a trouvé un animal vivant, soudain de ses ongles vigoureux il le déchire et lui arrache la douce existence ; son cœur avide se rassasie de sa fureur ; il roule des yeux effrayants, bat de sa queue ses flancs et ses épaules, creuse du pied la terre, et nul à cet aspect, n'ose s'approcher de lui, ni le combattre : ainsi le fils d'Amphitryon, insatiable de batailles, se présenta en face de Mars et son audace s'enflamma plus encore au fond de son cœur. Mars s'avança, la douleur dans l'âme et tous les deux, en criant, fondirent l'un sur l'autre. Comme une pierre détachée du faîte d'une montagne, roule et bondit au loin avec un grand fracas, lorsque enfin elle rencontre dans une colline élevée un obstacle qui arrête sa chute : tel le funeste Mars qui fait plier les chars sous son poids, s'élança, poussant d'effroyables clameurs ; Hercule soutint son choc avec fermeté. Alors Minerve, fille de Jupiter maître de l'égide, alla au-devant de Mars en agitant sa ténébreuse égide, et, le regardant d'un œil irrité, elle fit voler de sa bouche ces paroles ailées :

« Ô Mars ! apaise ta bouillante audace et retiens tes mains invincibles. Le sort ne te permet pas de tuer Hercule, ce fils intrépide de Jupiter, ni de le dépouiller de sa glorieuse armure. Cesse donc le combat et ne lutte pas contre moi. »

Elle dit, mais ne persuada point le cœur magnanime du dieu Mars. Mars, brandissant à grands cris ses armes semblables à la flamme, se précipita aussitôt sur le puissant Hercule ; impatient de l'immoler et furieux du trépas de son fils, il atteignit de sa lance d'airain le vaste bouclier. Mais Minerve aux yeux bleus, se penchant hors du char, détourna le choc impétueux de la lance. Mars, en proie à une vive douleur, tira son glaive acéré et se jeta sur le généreux Hercule. Tandis qu'il accourait, le fils d'Amphitryon, insatiable de combats et de carnage, frappa d'un coup violent sa cuisse restée à découvert sous le magnifique bouclier. Armé de la lance, il déchira sa chair de part en part, et le renversa au milieu de l'arène. Soudain la Fuite et la Terreur firent avancer son char agile et ses coursiers ; puis l'enlevant de la terre aux larges flancs, elles le portèrent sur ce char magnifique, frappèrent du fouet les chevaux et remontèrent dans le vaste Olympe.

Le fils d'Alcmène et le glorieux Iolaüs partirent après avoir dépouillé les épaules de Cycnus de sa belle armure, et bientôt, traînés par leurs coursiers aux pieds rapides, ils parvinrent dans la ville de Trachine. Minerve aux yeux bleus regagna le grand Olympe et les demeures de son père.

Cycnus fut enseveli par Ceyx et par le peuple innombrable, qui, auprès de la cité de cet illustre monarque, habitait Anthée, la ville des Myrmidons, la célèbre Iaolchos, Arné et Hélice. Une foule immense se rassembla pour honorer Ceyx, cet homme cher aux bienheureux immortels. Mais l'Araunus, grossi par les pluies de l'hiver, fit disparaître sous ses ondes le tombeau et le monument de Cycnus. Ainsi l'avait ordonné Apollon fils de Latone, parce que Cycnus, se plaçant en embuscade, dépouillait de vive force tous les mortels qui conduisaient à Pytho de superbes hécatombes.

FIN DU BOUCLIER D'HERCULE.

4

FRAGMENTS

I.

Uranie mit au monde un fils aimable, ce Linus que tous les chantres et tous les musiciens parmi les hommes pleurent au milieu des festins et des chœurs de danse, invoquant Linus au commencement et à la fin. (Eustalhe ad Iliad., *S.* 570, p. 1163-1222 ; édit. rom.).

II.

Il courait sur l'extrémité des épis et ne les brisait pas ; mais il effleurait de ses pieds leurs pointes aiguës sans ravager leurs fruits. (Eustathe ad Iliad., *B.*, p. 323-245.)

III.

Ilée, que chérit le roi Apollon, fils de Jupiter, et à

qui il donna ce nom, parce que ayant trouvé une nymphe favorable à ses désirs, il s'unit d'amour avec elle le jour où Neptune et Apollon bâtirent la haute muraille de la ville magnifique. (Étymol. Gud., p. 276 ; Tzetzès ad Iliad., p. 126.)

IV.

Ou telle que dans la béotienne Hyrie elle éleva sa fille. (Schol. Venet., Iliad., *B*., cat. 3.)

V.

Elle répandit sur leurs têtes une gale affreuse ; car la dartre envahit toute leur peau ; les cheveux tombaient de leurs têtes et ces belles têtes devenaient chauves. (Eustathe ad Ody. *N*., p. 1746.)

VI.

A cause de leur honteux libertinage, elles perdirent la tendre fleur de leur beauté. (Suidas au mot *Machlosuné*. Eustathe ad Iliad., *O*. 30, 1337.).

VII.

Qui, venu de Lilée, épanche son onde superbe. (Eustathe ad Iliad., *B*., v. 523 p. 275.).

VIII.

A moins qu'il ne soit sauvé de la mort par Apollon ou par Péon lui-même, qui connaît les remèdes de tous les maux. (Eustathe ad Ody., *D*. 231.).

IX.

Polycaste à la belle ceinture, la plus jeune des filles de Nestor, fils de Nélée, donna Persépolis à Télémaque après s'être unie avec lui, grâce à Vénus à la parure d'or. (Eustathe ad Ody., *P*., p. 1796-597.).

X.

Argos était sans eau, Danaüs lui en donna. (Eustathe ad Iliad., *D*., p 461-350.).

XI.

Phylée, cher aux bienheureux immortels. (Eustathe ad Iliad., *A*., p. 125-94.)

XII.

En effet, peu de fils ressemblent à leurs pères ; la plupart les surpassent en méchanceté. (Eustathe ad Iliad, *E*., p. 235.)

XIII.

Et la fille de cet Arabus qu'engendrèrent le bienfaisant Mercure et Thronie, fille du roi Bélus. (Strabon, lib. 1, c. 2).

XIV.

Ils furent les enfants du divin Lycaon, que jadis engendra Pélasgus. (Strabon, lib. 5, c. 2, §. 4.)

XV.

Locrus en effet commandait au peuple de ces Léléges, que jadis le fils de Saturne, Jupiter, doué d'une sagesse impérissable, choisit parmi les pierres de la terre et donna à Deucalion. (Strabon, lib. 7, c. 7.)

XVI.

Il habitait la roche Olénienne, sur les rives du fleuve Pirus aux eaux rapides. (Strabon, lib. 8, c. 3, § 11.).

XVII.

Qui eurent pour enfants les divines Nymphes des montagnes, la race des méchants et méprisables Satyres, et les dieux Curètes, amis des jeux et de la danse. (Strabon, lib. 10, c. 3, § 19.).

XVIII.

Mon esprit s'étonne de la quantité de figues que porte ce figuier sauvage, malgré sa petitesse. Pourrais-tu en dire le nombre ? — Leur nombre est de dix mille, mais un médimne est leur mesure. Il en reste une de plus que tu n'es point en état de comprendre. — Il dit et tous les deux connurent la véritable mesure. Alors le sommeil de la mort couvrit les yeux de Calchas. (Strabon, lib. 14, c. 1, § 27).

XIX.

Qui coule auprès de Panopis et de Glécon aux fortes murailles, et traverse Orchomène en roulant comme un serpent. (Strabon, lib. 9, c. 3, § 17.)

XX.

Dans le pays des Glactophages, à qui leurs chars servent de maisons. (Strabon, lib. 7, c. 3, § 9.)

XXI.

Les Éthiopiens, les Libyens et les Scythes, nourris du lait des cavales. (Strabon, lib. 7, c. 3, § 7.)

XXII.

Il se rendit à Dodone auprès du hêtre, demeure des Pélasges. (Strabon, lib. 7, c. 7, § 10.)

XXIII.

Ou telle, habitant les collines sacrées de Didyme, dans la plaine de Dotium, en face d'Amyros féconde en vignobles, la chaste vierge baigna ses pieds dans le lac Bébéis. (Strabon, lib. 9, c. 5, § 22. *Idem*, lib. 14, c. 1, § 40.)

XXIV.

Hyettus, ayant tué dans sa maison Molyre, ce fils chéri d'Arisbas, parce qu'il avait couché avec sa femme, quitta son pays, s'enfuit d'Argos, nourrice des coursiers, et se réfugia chez Orchomène, fils de Minyas ; ce héros l'accueillit et lui donna une portion de ses biens, comme l'hospitalité l'exigeait. (Pausanias. Béotie, c. 36.).

XXV.

Phylas épousa la fille de l'illustre Iolaüs, Lipéphile, qui, semblable par sa beauté aux déesses de l'Olympe, mit au jour, dans ses palais Hippotès et la belle Théro, brillante comme les rayons de la lune. Théro conçut entre les bras d'Apollon et enfanta le vigoureux Chiron, ce dompteur de coursiers. (Pausanias. Béotie, c. 40.)

XXVI.

. . . Afin que la ville le fasse : l'ancienne loi est la meilleure. (Porphyre, dans l'Antre des Nymphes.)

XXVII.

Et le superbe Périclymène, cet heureux mortel, comblé de tous les dons par Neptune, qui ébranle la terre. Tantôt il paraissait parmi les oiseaux sous la forme d'un aigle ; tantôt, ô prodige ! il rampait comme une fourmi ; quelquefois il se métamorphosait en un brillant essaim d'abeilles ou devenait un terrible et farouche serpent. Enfin il possédait mille dons, impossibles à décrire, mais qui dans la suite le perdirent d'après la volonté de Minerve. (Le Scholiaste d'Apollonius de Rhodes, lib. 1, v. 156.)

XXVIII.

Ayant demandé le fils de l'illustre Cléadéus.... (Le Scholiaste d'Apollonius de Rhodes, lib. 1, v. 824.)

XXIX.

Alors ils adressaient leurs vœux à Jupiter Énéien qui règne au haut des cieux. (*Idem*, lib. 2, v. 297.)

XXX.

Lui-même, dans le débordement du fleuve, issu de Jupiter..... (*Idem*, lib. 1, v. 757.)

XXXI.

De ses jolis pieds (*Idem*, 1, v. 456.)

XXXII.

Dans l'île d'Anthémoessa, où le fils de Saturne leur donna..... (*Idem*, 4, v. 892.)

XXXIII.

D'Hellen, ce roi dispensateur de la justice, naquirent Dorus, Xulhus, Éole qui se plaisait à conduire les coursiers. Éole engendra des rois dispensateurs de la justice, Créthéus, Athamas, l'astucieux Sisyphe, l'inique Salmonée et l'orgueilleux Périérès. (Tzetzès ad Lycophron, 284 ; et le Scholiaste de Pindare, Pyth. 4, v. 252.).

XXXIV.

Un corbeau messager vint du festin sacré dans la divine Pytho et apprit des nouvelles ignorées à Phébus aux longs cheveux ; il lui dit que le fils d'Ilatus, Ischys avait épousé Coronis, fille de Phlégyas, issu de Jupiter. (Le Scholiaste de Pindare, Pyth. 3, v. 14 et 48.)

XXXV.

L'Amaryncide Hippostrate, rejeton de Mars, glorieux enfant de Phyctée, chef des héros épéens. (Le Scholiaste de Pindare, Olyn. 10, v. 46.)

XXXVI.

Le parti que son esprit jugea le meilleur fut de le retenir et de cacher, contre son attente, le glaive superbe que lui avait fabriqué l'illustre Vulcain, afin qu'en cherchant seul cette arme sur le haut Pélion, il succombât dompté par les Centaures, habitants des montagnes. (Le Scholiaste de Pindare, Ném. 4, v. 95.).

XXXVII.

Éson, père de Jason, pasteur des peuples, que Chiron éleva sur le Pélion couvert de forêts. (Le Scholiaste de Pindare, Nem. 3, v. 92.).

XXXVIII.

Médite dans ton esprit prudent chacun de ces conseils : D'abord quand tu arrives dans la maison, offre de magnifiques sacrifices aux dieux immortels. (Le Scholiaste de Pindare, Pyth. 6, v. 19.).

XXXIX.

Alors, pour la première fois, à Délos, Homère et moi, mariant nos chants en des hymnes nouveaux, nous célébrions Apollon au glaive d'or, ce dieu que Latone enfanta. (Le Scholiaste de Pindare, Nem. 2, v. 1.)

XL.

Ou telle que dans Phthie, dotée de ses attraits par la main des Grâces, la belle Cyréne habitait auprès des ondes du Pénée. (Le Scholiaste de Pindare, Pyth. 9, v. 6.)

XLI.

Ou telle que, dans Hyrie, la prudente Mécionice donna Euphémus à Neptune qui ébranle la terre, après s'être unie d'amour avec lui, grâce à Vénus à la parure d'or. (*Idem*, Pyth. 4, v. 35.)

XLII.

Devenue enceinte, elle enfanta Éacus, qui aimait à conduire les coursiers. Lorsqu'il eut atteint le terme de l'aimable adolescence, il s'affligeait d'être seul. Le père des mortels et des dieux métamorphosa toutes les fourmis qui se trouvaient dans cette île charmante en hommes et en femmes à la large ceinture. Ces peuples d'abord fabriquèrent des vaisseaux à deux rangs de rameurs ; les premiers ils y placèrent les voiles, ces ailes du navire qui traverse les mers (Tzetzès ad Lycophron, 176 ; et le scholiaste de Pindare, Olyn. 8, v. 27.)

XLIII.

Il eut pour fils généreux Sérus et Alazygus. (Le Scholiaste de Pindare, Olymp. 10, 83.).

XLIV.

Il existe une contrée nommée l'Ellopia, riche en moissons et en pâturages, abondante en brebis et en bœufs aux pieds flexibles. Là habitent des hommes qui possèdent beaucoup de bœufs et d'agneaux, et dont la foule innombrable forme une des tribus de la race mortelle. A l'extrémité de ce pays s'élève une ville, appelée Dodone ; Jupiter, qui la chérit, a voulu y placer son oracle révéré des humains dans le creux d'un hêtre. C'est de là que les habitants de la terre emportent toutes les prédictions. L'homme qui désire interroger le dieu immortel doit venir avec des présents et d'heureux présages tirés du vol des oiseaux. (Le Scholiaste de Sophocle ad Trachin., 174.).

XLV.

Qui donna Hermione au belliqueux Ménélas et enfanta pour dernier fils Nicostrate, rejeton de Mars. (Le Scholiaste de Sophocle, Électre, 533.).

XLVI.

Stratonice à la belle ceinture, étant devenue enceinte, mit au monde dans son palais Eurytus, le plus cher de ses fils. Les enfants d'Eurytus furent Déion, Clytius, Toxéus, égal aux dieux, et Iphytus, rejeton de Mars. Après ces héros, la puissante Antiope, fille de Pylon, fils de Naubole, lui donna pour dernier enfant la blonde Iolée. (Le Scholiaste de Sophocle, Trach., v. 264.)

XLVII.

Marès, messager rapide, traversant le palais, courut auprès de lui ; portant une coupe d'argent remplie de vin, il la présenta au roi. (Athénée, lib. 11.)

XLVIII.

Et alors le devin saisit dans ses mains la courroie

du bœuf ; Iphiclus se penchait sur ses épaules, et derrière lui, portant la coupe d'une main et de l'autre élevant le sceptre, Phylacus se tenait debout et disait au milieu des esclaves..... (Athénée, lib. 11.)

XLIX.

Bacchus a donné aux hommes la joie et la douleur. Celui qui boit sans mesure trouve la folie dans son ivresse. Le vin enchaîne à la fois ses mains, ses pieds, sa langue et son esprit par des liens invincibles, et le doux sommeil aime à fermer ses paupières. (Athénée, lib. 10.)

L.

Que les mortels appellent les Pléiades. (Athénée, lib. 11.)

LI.

Les Pléiades d'hiver se couchent. (*Idem.*)

LII.

Alors se cachent les Pléiades. (*Idem.*)

LIII.

Il est doux, au milieu d'un festin abondant, de se livrer à d'agréables discours, lorsque les convives sont rassasiés. (*Idem.*)

LIV.

Là est mon vase, ô chef des peuples ! (*Idem.*)

LV.

Il tua onze fils généreux du patient Nélée ; le douzième, l'écuyer Nestor, se trouvait comme hôte chez les Géréniens, ces dompteurs de coursiers. (Étienne de Byzance, v. *Gérênia.*)

LVI.

Nestor seul fut sauvé dans Géréna émaillée de fleurs. (*Idem.*)

LVII.

Dans l'île divine d'Abantis, que les dieux immortels appelaient ainsi auparavant, et qu'alors Jupiter nomma l'Eubée, du nom d'un bœuf. (Étienne de Byzance, v. *Abantis*).

LVIII.

Eurygyès, encore enfant de la sainte Athènes. (Hésychius in *Ep'Eurugué agôn*.).

LIX.

Mourir dans l'âge le plus tendre. (Ammonius in *Orthrus.*)

LX.

En effet, le roi de l'Olympe donna la force aux Éacides, la prudence aux Amythaonides et la richesse aux Atrides. (Nicolas de Damas, p. 239, Coray.)

LXI.

Les Éacides, qui se réjouissent à la guerre comme dans les festins. (Polybe, v. 2.)

LXII.

La corneille babillarde vit neuf générations d'hommes florissants de jeunesse ; le cerf vit quatre fois plus que la corneille ; le corbeau vieillit pendant trois âges de cerf ; le phénix vit neuf âges du corbeau et nous vivons dix âges de phénix, nous, Nymphes aux beaux cheveux, filles de Jupiter, armé de l'égide. (Plutarque, Mor. de oraculorum defectu, t. 2, p. 415 ; et Tzetzès ad Iliad., p. 149.)

LXIII.

Car il était épris d'un violent amour pour Églé, fille de Panope. (Plutarque, Vie de Thésée, 20.).

LXIV.

Il n'y a point, parmi les hommes enfants de la terre, un devin qui connaisse la volonté de Jupiter, armé de l'égide. (Clément d'Alexandrie, *Stromates*, v. p. 610.).

LXV.

Car il est le roi et le maître de tous les immortels ; nul autre ne saurait rivaliser de pouvoir avec lui. (*Idem*, v. p. 603.).

LXVI.

Des Muses, qui rendent un homme prudent, divin, célèbre. (*Idem*, 1, p. 287.)

LXVII.

Il est agréable de savoir ce que les immortels ont donné aux humains comme un signe manifeste des biens et des maux. (*Idem*, 6, p. 628.)

LXVIII.

O Jupiter, ô père des mortels ! plût aux cieux que tu m'eusses donné une vie moins longue et une sagesse égale à celle des autres humains ! Mais tu ne m'as pas accordé le moindre honneur et tu m'as condamné à parcourir une longue carrière, à vivre sept générations d'hommes doués de la parole. (Tzetzès ad Lycophron, 682 ; et ad Iliad, p. 149.)

LXIX.

L'homme n'obtient qu'une seule des dix parties

de la jouissance ; mais la femme les éprouve toutes les dix et le plaisir charme son cœur. (Tzetzès ad Lycophron, 682 ; et Apollodore, lib. 3, c. 6, § 7).

LXX.

Trois fois heureux Éacide et quatre fois heureux Pélée, qui, dans ton palais, montes sur une couche sacrée ! (Tzetzès, Proleg. jn Lycophron, p. 261.)

LXXI.

Le père des dieux et des hommes s'irrita et, du haut de l'Olympe lançant sa foudre ardente, il tua le petit-fils de Latone, excitant lui-même son âme à la colère. {Athénagoras *in legatione pro christianis*, p. 134.)

LXXII.

Les Nymphes semblables aux Grâces, Phésyle, Coronis, Cléia à la belle ceinture, la gracieuse Phéo et Eudore au long voile, ces Nymphes que sur la terre les tribus des hommes appellent les Hyades. (Le Scholiaste d'Aratus, Phœn., v. 172.)

LXXIII.

Tous sont appelés Trichaïces, parce que, loin de leur patrie, ils se partagèrent trois contrées. (Le grand étymologiste, v. *Tricaïces*.)

LXXIV.

Tous les objets qu'il prenait dans ses mains, il les rendait invisibles. (*Idem*, v. *Aeidélon*.)

LXXV.

Combien il est insensé l'homme qui, laissant ce qui est prêt, recherche ce qui ne l'est pas ! (Le Scholiaste de Théocrite, XI, 75.)

LXXVI.

Il faut que tu sois un mouton pour ton père. (Le Scholiaste de Nicandre ; Th., 452 ; Ed. Ald., 1523, p. 244.)

LXXVII.

Elle lui envoya pour gardien le grand et vigoureux Argus, qui, armé de quatre yeux, regardait de tous côtés. La déesse lui avait communiqué une force indomptable ; le sommeil ne s'appesantissait pas sur ses paupières et il faisait une garde assidue. (Le Scholiaste d'Euripide, Phœn., 1116.)

LXXVIII.

Vénus, amante des plaisirs, s'irrita en les regardant et répandit contre elles une mauvaise renommée. (Le Scholiaste d'Euripide, Oreste, 239.)

LXXIX.

Les actions appartiennent à la jeunesse, les conseils à l'âge mûr et les prières aux vieillards. (Harpocration in *Erga*.).

LXXX.

Il était lui-même l'arbitre de sa mort, lorsqu'il voudrait mourir. (Apollonius Dyscolus *de Pronominibus*, p. 366.).

LXXXI.

Grande perte pour eux-mêmes..... (*Idem, idem*, p. 385.).

LXXXII.

Alors les repas étaient communs, les assemblées étaient communes entre les dieux immortels et les humains. (Origène contre Celse, 4, p. 216.).

LXXXIII.

S'il éprouvait ce qu'il fit aux autres, ce serait l'effet d'une droite justice. (Aristot., *Éthicâ Nicomakeia*, v. c. 5.).

LXXXIV.

Atalante aux pieds légers. (Les Scholies de Venise, Iliad., *B*, cat. 271.).

LXXXV.

Le héraut écuyer voyant..... (Les Scholies de Venise, *Iliad.*, *Xi*, 119.)

LXXXVI.

Démodocé, qu'un grand nombre d'hommes, enfants de la terre, recherchaient en mariage et à qui des rois vaillants prodiguaient des présents magnifiques à cause de sa merveilleuse beauté. (*Idem*, *Xi*, 200.).

LXXXVII.

Amenant son onde pure dans le courant de l'Océan. (Apollonius, Lexic. in *Phoibos*.).

LXXXVIII.

Les présents persuadent les dieux, les présents persuadent les rois vénérables. {Suidas in *Dôra*.)

LXXXIX.

Étant devenue enceinte, elle donna à Jupiter, qui se plaît à lancer la foudre, deux fils, Magnès et Macédon, qui aime à conduire les coursiers ; ces héros habitaient aux environs de la Piérie et des demeures de l'Olympe. (Constantin Porphyrogénète *Péri Thémâtôn*, liv. 2, p. 22.).

XC.

Elle enfanta dans Mélibée Phellus, habile à manier la lance. (Herodianus Dindymus, p. 11.).

XCI.

Qui cachaient leur premier éclat. (Herodianus Dindymus, p. 18.).

XCII.

Un vain bruit s'élevait sous ses pieds. (*Idem*, p. 42.).

XCIII.

Par suite de cette dispute, elle enfanta, sans le secours de Jupiter, armé de l'égide, un fils illustre, Vulcain, qui, parmi tous les habitants du ciel, brillait par ses talents et par son habileté. Jupiter, à l'insu de Junon aux belles joues, s'unit avec Métis, fille de l'Océan et de Téthys à la belle chevelure, et la trompa malgré toute sa science. Après avoir pris Métis entre ses mains, il l'engloutit dans ses flancs, tremblant qu'elle n'enfantât quelque chose de plus puissant que la foudre. Dans cette crainte, le fils de Saturne, qui siège sur un trône élevé et habite dans les airs, s'empressa de la dévorer. Aussitôt elle conçut Minerve, que le père des dieux et des hommes fit sortir de sa tête sur les bords du fleuve Triton. Métis restait cachée dans les entrailles de Jupiter, Métis, mère de Minerve et la plus instruite parmi les justes dieux et les hommes mortels. Alors la déesse Thémis partagea la couche de Jupiter, Thémis, douée de talents entre tous les immortels habitants de l'Olympe. Métis, dans le corps de Jupiter, fabriqua pour Minerve une égide destinée à épouvanter les armées et engendra Minerve chargée de cette égide et couverte d'une belliqueuse armure. (Galien, *Péri tôn Ippocratous kai Platônos dogmatôn*, lib. 3, p. 273.)

XCIV.

O mon fils ! ton père Jupiter engendra en toi le héros le plus infortuné et le plus généreux. (Aspasius ad Aristotelem, *Éthica nicomakeia*, III, p. 43.).

XCV.

Mon fils ! les Parques t'ont rendu le plus infortuné et le plus généreux des hommes. (*Idem, ibid.*)

XCVI.

..... Agrius et Latinus.
La jeune Pandore dans les palais de l'illustre Deucalion, unie d'amour avec Jupiter, souverain de tous les dieux, enfanta le belliqueux Græcus. (Lydus, *de Mensibus*, p. 5.).

FIN DES OEUVRES D'HÉSIODE.

Copyright © 2021 par Alicia Editions
Couverture : Canva.com
Illustration : Hésiode et la Muse, Gustave Moreau, 1891
ISBN Ebook : 9782357289161
Tous Droits Réservés

www.ingramcontent.com/pod-product-compliance
Lightning Source LLC
LaVergne TN
LVHW032005070526
838202LV00058B/6306